学生心理健康
教育课程与教学实践

范星冉　钱焕翎　张燕平 ◎著

中国书籍出版社
China Book Press

图书在版编目（CIP）数据

学生心理健康教育课程与教学实践 / 范星冉，钱焕翎，张燕平著. -- 北京：中国书籍出版社，2024.11.
ISBN 978-7-5241-0018-8
Ⅰ.G444
中国国家版本馆 CIP 数据核字第 202430GU50 号

学生心理健康教育课程与教学实践
范星冉　钱焕翎　张燕平　著

图书策划	邹　浩
责任编辑	邹　浩
责任印制	孙马飞　马　芝
封面设计	博健时代
出版发行	中国书籍出版社
地　　址	北京市丰台区三路居路 97 号（邮编：100073）
电　　话	（010）52257143（总编室）　（010）52257140（发行部）
电子邮箱	eo@chinabp.com.cn
经　　销	全国新华书店
印　　厂	环球东方（北京）印务有限公司
开　　本	710毫米×1000毫米　1/16
印　　张	13
字　　数	210千字
版　　次	2025 年 4 月第 1 版
印　　次	2025 年 4 月第 1 次印刷
书　　号	ISBN 978-7-5241-0018-8
定　　价	78.00元

版权所有　翻印必究

前　言

新时代大学生对美好生活的需求越来越丰富，具有多样性、多元化和多层次的特点。每个大学生满足自身需求的能力和资源则具有不断变化的动态特点。一方面，新的时代背景为大学生健康成长成才提供了诸多便利条件和优势资源；另一方面，新的时代亦为大学生的健康发展提出了不少新要求和新挑战。进入大学后，大学生会获得不同类型的情绪情感体验，体验性质和强度不仅与其对大学生活的满意程度密不可分，还和其个人拥有的能力、才华、资源及经验的积累息息相关。

大学生心理健康教育课程是推进大学生健康教育的主阵地，而拓展教学内容、创新教学模式是心理健康教育课程教学的重要途径。但目前部分学校心理健康教育体系并不健全，在课时、内容、师资等方面存在不足。充分发挥大学生心理健康教育课程在大学生心理健康教育中的作用，学校既要做好顶层设计，又要做好基础工作。

本书对学生心理健康教育课程与教学实践进行分析，适合心理健康教育工作者及对此感兴趣的人员阅读。本书对心理健康教育课的理论基础、学生心理困扰及异常心理、学生健康心理培养的方法做了一定的介绍，让读者对学生心理健康有一个初步的认知；对学生心理健康教育所包含的具体内容进行了深入的分析，让读者对学生心理健康进一步了解；着重强调了学生心理健康课程教育与教学，涵盖了学生心理健康课程教学与实践、学生心理健康咨询、互联网视域下学生心理健康教育，旨在帮助读者全面了解学生心理健康教育。

由于作者水平与经验的限制，书中难免有错误或不足之处，敬请读者与同行批评指正。

目 录

第一章 学生心理健康教育概述 ... 1

第一节 心理健康教育课的理论基础 ... 1
第二节 学生心理困扰及异常心理 ... 12
第三节 学生健康心理培养的方法 ... 19

第二章 学生情绪、挫折与压力健康教育 ... 25

第一节 学生情绪与心理健康 ... 25
第二节 学生挫折应对与压力管理 ... 38

第三章 学生自我意识培养与人格塑造健康教育 ... 50

第一节 学生自我意识的培养 ... 50
第二节 学生健全人格的塑造 ... 62

第四章 学生心理健康课程教学与实践 ... 71

第一节 学生心理健康课程教学设计 ... 71
第二节 心理健康教育课程教师专业发展 ... 96
第三节 心理健康教育课外实践活动 ... 107

第五章　学生心理健康咨询 ·· 122

　　第一节　心理咨询的过程 ·· 122

　　第二节　心理治疗的方法 ·· 138

　　第三节　心理咨询发展 ··· 148

第六章　互联网视域下学生心理健康教育 ······························ 163

　　第一节　互联网视域下学生心理健康模式 ··························· 163

　　第二节　学生互联网道德心理及其素质提升 ······················· 187

参考文献 ··· 198

第一章　学生心理健康教育概述

第一节　心理健康教育课的理论基础

一、心理健康教育课的体验性

心理健康教育课的体验性不仅是学生心理素质发展的基石，更是他们全面成长的重要途径。在这种教育理念中，体验被看作是知识获取、情感理解和技能发展的核心途径，通过实际体验和亲身感受，学生能够深入地理解心理健康问题，增强应对挑战的能力和自信心。

（一）体验是学生心理素质形成和发展的核心

心理健康教育课的体验性是促进学生心理素质形成和发展的重要理论基础，在这一教育理念中，体验被视为学生获取知识、理解情感、发展技能的核心途径。体验性教育强调通过实际经历和亲身感受来深化学习，使学生能够直接参与和体验所学内容，从而加深对知识的理解和应用。体验性教育强调学生主体性的培养，鼓励学生积极参与和主动探索。通过实际操作和感知，学生能够更好地理解心理健康教育的概念和原理，从而增强其对心理健康问题的敏感性和反应能力。体验性教育有助于激发学生的情感共鸣和情绪体验。面对现实生活中的心理困扰或挑战，学生能够通过身临其境的体验更加深刻地感受到相关情绪和心理状态，从而更有效地应对和处理类似情境。体验性教育注重在情境中培养学生解决问题的能力和应变能力。通过模拟真实情境或情景剧，学生不仅能够理论上理解心理健康问题，还能够在实际操作中应用所学知识，学会有效的解决方法和应对策略。

体验性教育不仅仅是一种知识传授的方式，更是一种促进学生全面发展和心理健康成长的重要途径。通过积极的体验学习，学生能够在实践中获得深刻的体验和感悟，从而在未来的生活和学习中更加自信和成熟。

（二）如何促进心理健康教育过程中的体验

为了有效促进心理健康教育过程中的体验，教育者可以采取多种策略和方法，以确保学生能够深度参与和积极体验所学内容。

营造积极的学习氛围和情境至关重要。教师可以通过情景模拟、角色扮演或小组讨论等形式，将学生置于真实或近似真实的心理健康挑战中。比如，在心理健康课堂上模拟典型的青少年压力情境，如考试焦虑、人际冲突等，让学生通过实际体验来理解和应对这些问题。

采用个性化和交互式的学习方法。通过个性化的学习计划和任务，可以根据每位学生的特点和需求量身定制教学内容，使之更贴近学生的生活实际和心理体验。例如，让学生通过写日记、参与小组活动或进行个人反思，来记录和分享自己的情绪变化和应对策略。

利用先进的技术手段和多媒体资源。虚拟现实、互动应用程序等现代科技，能够为学生提供更加生动和具体的体验。通过虚拟现实技术模拟不同的心理健康场景，如公共演讲、社交场合等，让学生在虚拟环境中进行反思和实践，以增强其面对挑战的信心和能力。

建立支持和反馈机制。在体验性教育中，及时的支持和反馈对于学生的学习和成长至关重要。教师可以通过定期的个案分析、小组讨论或心理咨询服务，为学生提供专业的指导和支持，帮助他们更好地理解和应对自己的心理健康问题。

通过以上策略和实施方法，教育者可以有效提升心理健康教育过程中的体验。这不仅有助于学生在实践中获得深刻的心理体验和感悟，更能够使他们在未来的生活和学习中更加自信和成熟。通过这些努力，我们能够为学生的心理健康成长提供更为有力的支持和引导。

二、心理健康教育课的学生主体性

（一）心理健康教育与"学生本位"

心理健康教育强调学生主体性，即将学生置于教育的核心地位，倡导以学生的需求、特点和成长为中心进行教育实践。这种以学生为本位的教育理念，不仅仅是传授知识，更重要的是培养学生的自主性、创造性和解决问题的能力，以应对现实生活中的各种心理挑战。

心理健康教育与"学生本位"的理念密切相关，有助于提升教育实践的深度、拓展广度。例如，在课堂上，教师可以通过开放式讨论、案例分析等方式，引导学生探索和理解心理健康问题的多样性和复杂性。这种交互式的学习方式不仅增强了学生的参与感和学习兴趣，还能够更好地激发学生自主学习的动机和能力。学生本位的心理健康教育强调个性化的教育方案和灵活的教学策略。例如，根据学生不同的心理特点和发展阶段，设计针对性的教学活动和课程内容，使之更贴近学生的实际需求和学习状态。对于不同性格的学生，可以采用不同的情景模拟或案例分析，以便他们能够更好地理解和应对个人的心理健康挑战。学生本位的教育还包括鼓励学生参与课外实践和社区服务活动，从而培养其社会责任感和团队合作精神。例如，组织学生参与心理健康主题的社区活动或志愿服务，不仅能够增强他们的实践能力，还能够拓展他们的社会交往能力和领导才能。

心理健康教育与"学生本位"的结合，不仅能够促进学生的全面发展和自主学习能力，还能够有效提升其解决问题和应对挑战的能力。通过这种教育理念的实施，学生能够在实践中更好地理解和运用心理健康知识，从而在日常生活中更加自信和成熟。

（二）心理健康教育课重视学生主体性的原因

心理健康教育课程之所以重视学生主体性，主要基于多个原因。

学生主体性能够增强学习的有效性和实用性。通过将学生置于学习的核心位置，教育者能够更好地理解每位学生的个性特点、心理需求和学习风格。这种个性化的关注和教学方法能够使学生更积极地参与学习过程，提高信息的吸收和应用效率。例如，一个心理健康课程可能包括对各种情绪管理技巧的介绍，但通过了解每个学生的具体情况和挑战，教师可以调整教学策略，使得学生能够更好地理解和运用这些技巧，从而在实际生活中获益。

学生主体性有助于提升学生的自主学习能力和问题解决能力。心理健康教育并非简单地传授知识，而是培养学生处理心理问题和情绪管理的能力。通过让学生参与课堂讨论、小组活动和个人反思，他们能够积极探索和实践不同的心理健康策略和技巧，从而逐步提升自己的应对能力。例如，一个学生可能在学习中发现自己更适合通过艺术创作来释放压力，而另一个学生则更喜欢通过运动来调节情绪。这种个性化的学习体验能够有效增强学生的自我认知和自我管理能力。

学生主体性也有助于建立良好的师生关系和课堂氛围。当教育者尊重并重视学生的意见和反馈时，学生会感到被理解和尊重，从而更愿意参与和分享自己的想法。这种开放和支持性的课堂氛围有助于营造积极的学习氛围，促进心理健康教育的有效实施和学生整体素质的发展。

心理健康教育课程重视学生主体性不仅能够提升学习的实效性和实用性，还能够有效培养学生的自主学习能力和问题解决能力，同时建立积极的师生关系和课堂氛围。这种教育理念的实施有助于学生在心理健康领域内获得更深层次的理解和发展。

（三）如何发挥心理健康教育课学生主体性

1. 树立正确的学生主体观

有效发挥心理健康教育课程中的学生主体性，首先需要树立正确的学生主体观。这意味着将学生视为学习和成长的主体，尊重他们的个性差异和发展需求，同时激发他们的学习动机和自我管理能力。

首先要理解每位学生的独特性。教育者应该意识到每个学生在认知、情感和行为方面的差异，并尊重这些差异。这种理解不仅包括学术能力的差异，还涵盖了心理健康方面的个性特点和挑战。例如，一些学生可能更容易感受到压力，而另一些可能更需要社交支持。通过了解这些差异，教育者可以调整教学方法和支持策略，以更好地满足每个学生的需要。建立积极的学习动机和自我管理能力。教育者可以通过激发学生的兴趣和参与度，培养他们的自主学习能力。例如，设立具有挑战性和实际应用意义的学习任务，鼓励学生在解决问题和应对挑战时展现创造力和自主性。教育者还可以通过定期的反馈和指导，帮助学生认识和管理自己的学习进程和情绪状态，从而提升他们的自我调节能力。营造支持性和包容性的学习环境。学生主体性的发挥需要一个开放和支持的学习氛围，使学生感到安全和受尊重。这意味着教育者应该鼓励学生分享他们的想法和感受，倾听他们的需求并尊重他们的个人观点。通过建立积极的师生互动和团体合作氛围，可以有效促进学生的参与感和学习动机，从而更好地发挥其主体性。

2. 以积极的眼光看待每一位学生

以积极的眼光看待每一位学生是心理健康教育中非常重要的一环。这种态度不仅能够增强学生的自尊和自信，还有助于建立良好的师生关系，促进学生的全面发展。积极的眼光意味着从学生的优点和潜力出发。教育者应该注意到每位学生身上的积极特质和独特才能，并鼓励他们发挥和展示这些方面。例如，一个学生可能在团队合作中表现出色，而另一个可能在解决问题时有独特的创意。通过正面的反馈和鼓励，教育者能够增强学生的自信心，使他们在学习和生活中更有动力和成就感。积极的眼光可以帮助教育者更好地理解和应对学生的挑战和困难。每个学生都可能面临各种各样的困难，无论是学习上的还是心理上的。通过关注学生的个人成长和发展，教育者能够更敏锐地察觉到这些挑战，并提供相应的支持和指导。一个学生可能在情绪管理方面遇到困难，教育者可以通过心理健康教育课程和个别辅导，帮助他们学会有效的应对策略，提升调节情绪的能力。积极的眼光有助于建立积极的师生互动和支持体系。当学生感受到教育者的关注和信任时，他们更愿意打开心扉，分享自己的想法和感受。这种互动不仅促进了学术上的学习，还加强了学生与教师之间的情感联系，使学校成为一个支持和包容的学习环境。

3. 教育内容要符合学生的心理发展需要

教育内容的设计必须考虑到学生的心理发展需要，确保内容的合适性和有效性。在心理健康教育中，针对不同年龄段和发展阶段的学生，教育者应该选择恰当的教学方法和话题。对于小学生，可以通过故事、游戏和图画来介绍情绪管理和人际关系技巧；中学生则更适合深入讨论青春期挑战和心理压力处理方法；大学生可能需要关注职业发展和成人生活中的心理健康问题。因此教育内容的调整要基于学生的认知能力、情感状态和社会经历，以确保信息的接受和理解度，从而有效促进他们的心理健康和全面发展。

4. 教育方法要适合学生的心理特点

教育方法的选择应当充分考虑学生的心理特点，以提升学习效果和学生参与度。针对小学生，教育者可以采用游戏化的学习方式，通过互动游戏和角色扮演来引导他们学习合作与情绪管理；对于中学生，可以结合案例分析和小组讨论，帮助他们理解复杂的社会和情感问题；而大学生则可能更喜欢开放式讨论和研究项目，以深入探讨心理健康领域的前沿问题。因此教育方法的选择应根据学生的年龄、认知发展和个体差异确定，以确保其在学习过程中感到挑战与成就，并能够有效应对各类心理健康挑战。

5. 尊重学生，让教师成为引导者，让学生成为课堂主人

在心理健康教育中，尊重学生的个体差异和发展需求至关重要。教师应以引导者的角色出现，鼓励学生参与和探索，从而激发他们的自主学习和问题解决能力。通过建立开放和支持性的学习环境，学生可以更自信地分享观点和经验，感受到他们的意见和感受被尊重重视。这种互动使得学生成为课堂的主人，积极参与知识建构和共享过程，从而增强学习的深度和意义。教师在这个过程中扮演着引导和支持的角色，确保学习过程有序和有效。这种平等和尊重的教育方式不仅增强了学生的学习动机，还培养了他们的合作精神和自主性，为未来的学习和生活奠定坚实基础。

三、心理健康教育课的生成性

（一）心理健康教育课程生成性的理解

心理健康教育课程的生成性指的是课程设计和实施过程中，教育者通过引导学生探索和参与，激发其自主学习和创造力。这种教育模式强调学生在知识建构和问题解决中的积极角色，与传统的单向传授知识的教学方式有所不同。生成性教育注重学生在开放和支持性环境中的主动参与，通过讨论、合作和实践，促进

学生的全面发展和心理健康。一堂关于情绪管理的心理健康教育课可以采用生成性方法。教师不仅仅是传授情绪管理技巧的讲师，还可以引导学生探索个人情绪体验和应对策略的有效性。通过小组讨论和角色扮演，学生可以分享他们在日常生活中遇到的情绪挑战，并共同探讨应对方法的可行性和效果。这种互动不仅增强了学生对情绪管理理论的理解，还培养了他们在现实生活中实践这些技能的能力。生成性教育还可以在学生的自我认知和人际关系技能方面发挥重要作用，通过引导学生自主制定目标、反思自身行为和与他人的互动，教育者能够帮助他们发展积极的自我形象和有效的沟通技巧。例如，在一节关于团队合作的课程中，学生可以通过合作项目来实践领导能力和团队协作精神，从而提升他们的社交能力和情商。

心理健康教育课程的生成性不仅仅是知识传授的过程，更是学生全面发展的推动器。通过激发学生的参与热情和创造力，教育者能够培养出具备自主学习能力、解决问题能力和社交技能的学生，为其未来的学习和生活奠定坚实基础。

（二）教师如何促进心理健康课堂生成

1. 目标明确、有的放矢、充分预设

教师在促进心理健康课堂的生成性教学时，需要具备清晰的目标设定和有效的教学策略，以确保学生能够积极参与和学习。教师应当明确课程的教育目标和预期结果。这些目标应当具体明确，与学生的心理健康需求紧密相关。如果课程的目标是提高学生的情绪管理能力，教师可以预设通过讨论个人情绪体验、分享应对策略和实践情景模拟等活动，来达到这一目标。教师需要精心设计课堂活动和教学资源，以激发学生的自主学习和创造力。例如，可以通过小组讨论、案例分析、角色扮演和实地实践等方式，让学生积极参与知识的探索和共享。在讨论情绪管理的课堂中，教师可以提供多种情境让学生选择，并鼓励他们以小组为单位讨论解决办法。

2. 营造氛围、激发生成、促进生成

为了营造促进心理健康课堂生成性教学的氛围，教师可以采取多种策略来激发学生的参与热情和创造力。教师可以创造开放和支持性的学习环境。这种环境鼓励学生自由表达和分享观点，不论其与主流观点是否一致。通过接纳和尊重不同的意见，教师能够建立起一种学术上的安全感，激发学生勇于探索和发表独立见解的动力。教师应当注重团队合作和互动。通过小组讨论、合作项目和角色扮演等活动，学生可以共同探索和解决心理健康问题。例如，在讨论焦虑管理的课堂上，教师可以设计一个情景模拟活动，让学生以小组为单位制定应对焦虑的策略，并进行实际演练和反馈。教师还可以利用多媒体和技术工具来丰富教学内容。通过展示案例分析、心理健康资源和实时反馈，教师可以激发学生的学习兴趣和参与度。例如，使用影像资料展示不同情绪状态下的生理反应，或者通过在线平台提供心理健康自测工具，帮助学生更直观地了解和管理自己的心理状态。教师在课堂中扮演着积极的引导者和支持者角色。通过提供有针对性的反馈和指导，教师可以帮助学生在生成性学习过程中掌握必要的技能和知识。这种引导不仅限于学术能力的提升，还包括情感管理和社交技能的培养，以促进学生的全面发展和心理健康成长。

3. 问题驱动、引导生成

问题驱动教学是促进心理健康课堂生成性教学的有效策略之一。通过设定引人深思的问题，教师能够激发学生的思考和探索欲望，促进他们在学习过程中的自主学习和发挥创造力。

教师可以选择与学生生活和情感经验相关的问题作为课堂讨论的主题。例如，一个关于应对学业压力的问题可以是："你在面对学业压力时，会选择怎样的应对方式，为什么？"这样的问题能够引导学生回顾自身经历，探索不同的应对策略，并与同学分享彼此的经验和见解。问题驱动教学可以通过案例分析或情境模拟来增强教学的现实性和实用性。教师可以提出一个真实的案例或情境，让学生在小组内讨论并提出解决方案。例如，讨论一个关于青少年沉迷手机的案例，学生可以探讨手机对心理健康的影响，并设计一份推广心理健康的方案。问题驱动教学还可以帮助学生发展关键思维能力，如批判性思维和问题解决能力。通过提出挑战性的问题，教师可以鼓励学生分析问题的不同方面，评估各种解决方案的优缺点，并做出理性的决策。教师在问题驱动教学中的角色是引导者和激励者。他们应当能够提出具有挑战性和启发性的问题，在学生探索和讨论的过程中提供必要的支持和反馈。这种引导不仅促进了学生的自主学习，还培养了他们在心理健康领域中探索和创新的能力。

四、心理健康教育课的现实性

（一）心理健康教育回归现实生活世界的诉求

1. 心理健康教育要立足于学生发展的实际

心理健康教育的关键在于与学生现实生活的紧密联系和实际应用。教育者需要立足于学生的发展阶段和实际情况，从而有效地回归到学生的日常生活世界中。

心理健康教育应当以学生的发展需求为依据。不同年龄段和成长背景的学生面临着各种不同的心理健康挑战，如情绪管理、人际关系、学业压力等。因此教育者需要了解学生的心理状态和需求，结合实际情况设计和调整教学内容和方法。例如，针对青少年学生，可以重点关注他们在青春期内的情绪波动和身份认同问题，以及如何应对社交媒体对自我认知的影响。心理健康教育要求在教学内容和活动设计中具有实用性和可操作性。学生需要能够将所学的心理健康知识和技能直接应用于他们的日常生活中。例如，在课堂上学习到的情绪调节技巧，如深呼吸、放松法等，应当能够帮助学生有效地应对日常生活中的压力和情绪波动。心理健康教育还应当关注社会现实和文化背景的影响。教育者需要考虑到学生所处的社会环境对其心理健康的潜在影响，如家庭背景、学校氛围、社区支持等因素。通过了解这些影响因素，教育者可以更有效地调整教学策略，使之更贴近学生的实际情况并具有实际应用的意义。

心理健康教育要回归到学生的现实生活世界中，以学生的发展实际为依据，关注实用性和操作性，并考虑社会文化因素的影响。这样的教育方式不仅能够提高学生的心理健康水平，还能够促进他们在实际生活中的全面发展，提升应对能力。

2. 培养个体掌握幸福生活的本领

心理健康教育的一个重要目标是培养个体掌握幸福生活的本领，使他们能够在面对生活中的挑战和压力时保持心理健康和积极情绪。教育者可以通过课堂教学和实践活动，传授关于情绪管理和心理调适的技能。包括学习如何识别和理解自己的情绪，以及采取有效的应对策略来应对不同的情绪体验。例如，教学内容可以包括自我意识训练、情绪表达技巧和冥想放松练习，帮助学生更好地掌控和调节自己的情绪状态。心理健康教育应当关注个体的自我认知和自我管理能力。通过让学生了解自己的优点、兴趣和价值观，教育者可以帮助他们建立积极的自我认知，并为未来的幸福生活奠定基础。例如，教学可以包括个人发展规划、目标设定和自我评估技能的培养，使学生能够更清晰地认识自己的潜力和成长空间。心理健康教育还应当促进社交和人际关系技能的培养，包括如何建立健康的人际关系、有效地沟通和解决冲突的能力等。通过角色扮演、小组讨论和团队合作等活动，教育者可以帮助学生学会与他人建立积极互动和支持网络，从而增强他们的社交技能，提高人际关系质量。

心理健康教育不仅仅是传授知识，更重要的是培养个体掌握幸福生活的本领。通过情绪管理、自我认知、社交技能等方面的培养，教育者可以帮助学生建立起持久的心理健康基础，使他们在面对生活中的挑战时能够更加自信和积极地追求幸福生活。

（二）心理健康教育回归现实生活世界的实现路径

1. 树立以生活为基点的心理健康教育理念

树立以生活为基点的心理健康教育理念，是确保心理健康教育能够有效回归到学生现实生活世界的关键。这一理念强调将教育内容和方法与学生的日常生活紧密结合，以促进他们在实际情境中的心理健康发展。以生活为基点的心理健康教育理念要求教育者深入了解学生的生活环境和心理状态。通过定期调查、个案分析或小组讨论，教育者可以更好地了解学生所面临的压力源、情绪挑战及其应对方式。这种了解不仅有助于量身定制适合学生需求的教学内容，还能够提供实际问题的解决方案，使教育内容更加贴近学生的实际生活需求。这一理念强调在教学过程中融入学生的生活经验和实际情境。教育者可以通过案例分析、角色扮演或情境模拟等活动，让学生在模拟的情景中实践解决问题的能力，并从中学习到应对压力和挑战的有效策略。这样的教学方法不仅增强了学生的实践能力，还帮助他们在安全的学习环境中探索和应用心理健康知识。以生活为基点的心理健康教育理念还鼓励教育者与社会资源和家庭支持系统合作。通过与家长、社区心理健康服务提供者以及其他相关专业人员的合作，教育者可以为学生提供更全面的支持和资源，帮助他们在学校和家庭环境中都能够获得有效的心理健康教育和支持。

树立以生活为基点的心理健康教育理念，能够有效地促使心理健康教育回归到学生的现实生活世界中。通过深入理解学生的生活环境、融入实际情境的教学方法和与社会资源的合作，教育者可以为学生提供更有效和实用的心理健康教育，帮助他们在面对生活中的挑战时更加自信。

2. 创设心理健康教育的生活世界体验场景

创设心理健康教育的生活世界体验场景是为了让学生在真实或模拟的情境中，通过参与和互动来学习应用心理健康知识与技能。可以通过情境模拟来创设生活世界体验场景。例如，设计一个模拟社交场景，让学生在其中扮演不同的角色，如朋友、家庭成员或同事，以探讨和实践有效的沟通和冲突解决技巧。这样的活动可以帮助学生更直观地理解人际交往中的挑战和应对策略，并在实践中提升他们的社交技能。可以利用案例分析来创设生活世界体验场景。选择真实的生活案例或情境，让学生分析并提出解决方案。例如，讨论一个关于学业压力的案例，学生可以从多个角度分析其原因和影响，并设计有效的应对策略，如时间管理、情绪调节等，从而培养他们在实际生活中应对压力的能力。可以组织实地观察和参观活动来创设生活世界体验场景。例如，参观当地的心理健康服务机构或社区资源中心，让学生了解实际的心理健康支持体系和资源，从而增强他们对心理健康服务的认识和信任感。这样的活动不仅帮助学生拓展视野，还能够促进他们与社区资源的互动和合作。创设生活世界体验场景需要教育者与其他专业人员和社会资源的合作。通过与心理健康专家、社会工作者和家长的合作，教育者可以为学生提供更全面深入的体验，使之能够在真实的生活情境中学习和应用心理健康知识，从而增强他们的实际应对能力和自我管理能力。

3. 探索"问题解析式"的教育方法

"问题解析式"的教育方法是一种基于问题和情境的学习方式，旨在通过学生参与解决实际问题的过程，促进他们的深层理解和综合能力的发展。这种方法强调学生在学习过程中的主动参与和探索。教育者通过提出具体的问题或情境，激发学生的学习兴趣和动机，引导他们积极寻找解决问题的途径和策略。例如，在心理健康教育中，教育者可以引导学生分析一个真实的心理健康挑战，如焦虑或抑郁，让他们合作探索可能的原因和有效的干预措施。问题解析式教育方法强调跨学科和综合性的学习。学生在解决问题的过程中，需要运用多学科的知识和技能，如心理学、社会学、沟通技巧等。这种综合性的学习帮助学生更全面地理解问题的本质和复杂性，培养他们的跨学科思维和综合分析能力。问题解析式教育方法倡导实践性和情境化的学习体验。通过模拟真实情境、案例分析或实地观察，学生能够在实践中应用所学的知识和技能，从而更深入地理解和掌握相关概念。例如，学生通过角色扮演或小组讨论来模拟社交互动中的挑战和解决方案，有效地提升他们的应对能力和情境适应能力。问题解析式教育方法强调反思和评估的重要性。学生在解决问题的过程中，需要不断地反思自己的思维过程和决策，评估所采取策略的成效。这种反思能力不仅有助于学生个人的成长，还培养了他们的批判性思维和自主学习的能力。

第二节　学生心理困扰及异常心理

一、大学生常见心理困扰

（一）环境适应障碍

大学生常见的心理困扰之一是环境适应障碍。这种障碍通常表现为对新的学术和社交环境不适应，可能导致情绪波动、焦虑和社交退缩等问题。例如，一位来自小城市的大一新生在进入大都市的大学后，面对繁忙的生活节奏和陌生的人际环境感到无所适从。他可能会因为语言、饮食习惯或者交通方式的不同而感到困惑和焦虑，进而影响到他的学习和生活质量。这种情况下，学校可以通过提供适应性培训、心理辅导和社交活动等方式，帮助学生逐渐适应新的环境，减轻他们的心理压力，促进他们更好地融入大学生活。

（二）学习心理困惑

学习心理困惑是大学生常见的挑战之一，涉及学习压力、学习动机、学习方法等多个方面。举例来说，一些学生可能在面对高强度的学术任务时感到焦虑和挫败，尤其是在面对课程负担重、期末考试压力大的情况下。这种焦虑可能源自于对自己能力的怀疑，或者对学术成绩的过度关注。例如，一位工程系大二学生在面对多门技术性强的课程时，由于对数学和编程的理解能力有限，经常感到学习困难和自我怀疑，从而影响到了他的学习积极性和学业表现。学习动机的问题也是学习心理困惑的重要组成部分，有些学生可能由于缺乏明确的学习目标或者内在的动机，感到学习乏味和无聊，导致学习动力不足。例如，一位社会科学专业的大三学生，由于未来职业规划不明确，对所学课程的兴趣逐渐减弱，影响了他的学习积极性和学习表现。

（三）人际关系障碍

人际关系障碍在大学生中是一个常见的心理困扰，涉及与同学、室友、教师甚至家人之间的交往困难。例如，一些学生可能因为社交焦虑或者个性差异，难以在新的学术和生活环境中建立良好的人际关系。他们可能遇到与同学沟通不畅、团队合作效率低下、室友冲突频发等问题，这些都可能影响到他们的学习和生活质量。举例来说，一位来自农村的大一新生在进入大城市的大学后，由于与室友的生活习惯和价值观差异较大，经常发生意见不合和矛盾。他可能习惯安静的环境和规律的生活作息，而室友可能喜欢晚上社交活动或者音乐放得很大声，这种差异导致了他们之间的冲突和不适。这种情况下，学生可能会感到孤独和无助，缺乏支持系统的影响也会进一步加剧他的心理困扰。解决人际关系障碍需要学生自身的努力，同时也需要学校和社区的支持。学校可以通过提供社交技能培训、心理辅导和冲突解决策略等措施，帮助学生改善人际交往能力，学会有效地处理人际关系中的问题和挑战。鼓励学生参与校园活动和社团组织，扩展社交圈子，也是帮助他们建立良好人际关系的有效途径。

人际关系障碍对大学生的心理健康和学业发展有重要影响，通过学校和个人的努力，可以帮助学生克服这些障碍，更好地适应学术和社交生活，实现个人全面发展。

(四) 自我意识障碍

自我意识障碍是大学生常见的心理困扰之一，通常表现为对自身形象、能力或者价值的负面评估，导致自信心不足和情绪波动。例如，一些学生可能因为过高的自我期望或者对他人评价过于在意，而感到自己不够优秀或者不值得被接受。这种负面的自我认知可能会影响他们的学业表现、社交关系以及整体的心理健康。举例来说，一位艺术专业的大学生在参加了几次作品展览后，由于得到的评价没有达到自己的预期目标，开始怀疑自己的艺术才能和价值。他可能开始对自己的创作产生负面的自我评价，觉得自己不够出色或者不足以与其他优秀的同学相比，从而陷入情绪低落和自我怀疑的状态。解决自我意识障碍需要学生自身的努力，同时也需要家庭和学校的支持和理解。学校可以通过提供心理辅导、自我认知培训和积极心理干预等方式，帮助学生建立积极的自我认知，增强自信心和抗挫折能力。家庭和朋友的支持也非常重要，他们可以通过鼓励和肯定，帮助学生正视自己的优点和潜力，从而帮助其摆脱自我意识障碍带来的负面影响。

(五) 性心理及恋爱心理困惑

性心理及恋爱心理困惑在大学生群体中较为普遍，涉及到对性身份认同、性取向、恋爱关系的探索和困惑。例如，一些学生可能面临对自己性取向的认知和接受问题，这可能由于社会压力、家庭期望或个人认知发展不完善所致。他们可能在性身份认同的过程中经历困惑和不安，需要逐步接受和理解自己的真实感受。恋爱心理方面的困惑也常见于大学生群体。例如，一位大二学生可能因为第一次经历感情的起伏和失落，对爱情和人际关系产生深刻的疑问和困惑。他可能会面临如何建立健康稳定的恋爱关系、如何处理分手和失恋等问题，这些经历可能会对他的心理健康和情感成长产生深远的影响。解决性心理及恋爱心理困惑需要开放的社会氛围和专业的心理支持。学校可以通过性教育课程、心理咨询服务以及支持性少数群体的社会活动，帮助学生更好地理解和接受自己的性身份和性取向。提供恋爱心理辅导和人际关系技巧的培训，可以帮助学生建立健康成熟的恋爱观念和态度，从而更好地应对情感生活中的挑战和困惑。性心理及恋爱心理困惑是大学生成长过程中普遍存在的问题，通过教育、支持和理解，可以帮助他们建立积极健康的性认知和恋爱观念，促进个人全面发展和心理健康。

（六）就业问题

自主就业给予了学生广阔的选择空间，但社会发展的不确定性往往使在校学生倍感就业困惑。整个在校就读期间，多数学生都将就业问题列为最大的不确定性问题。由此引发的心理困扰常常波及在校期间的所有方面，如学习动力问题，自我规划问题，人际交往问题，恋爱问题，考研问题，学业投入与经济回报的问题等。上述困扰在不同的个体身上表现程度不一样，个体采取的应对策略也不尽相同。有的应对恰当，效果很好，顺利毕业、就业。有的应对无方，困扰时间较长。显然，客观存在的困难对谁都是困难，但采取恰当的应对策略和方法，可以帮助我们成长得更有力量去战胜这些困难。如同一个武功高强的拳师，可以笑对任何试图拦路抢劫的歹徒。当我们经过学习，提高了自身的心理能量，就可以排除任何心理困扰，活出健康，活出幸福。

二、异常心理识别

（一）心理问题等级划分

1. 心理健康状态

心理健康状态是指个体在情感、认知和行为方面的整体表现，反映了其心理功能是否正常、是否能够有效地适应生活压力和挑战的能力。一个健康的心理状态通常表现为情绪稳定、自我感觉良好、具备适当的自我控制能力以及能够有效应对生活中的各种挑战和困难。例如，一位大学生在面对学术压力、社交挑战和个人发展时，能够保持相对平静的情绪状态，能够有效地处理学习任务和人际关系，同时保持良好的自我认知和情感管理能力。这种学生通常表现出积极向上的态度，能够从挫折中学习，并逐步提升自己的应对能力和适应能力。心理健康状态的评估不仅仅取决于个体的内在感受，还需要考虑其在日常生活中的功能表现和行为表现。例如，一个情感稳定的学生可能能够有效地完成学业任务，参与社团活动，并且维持良好的社交关系。他们可能会寻求帮助和支持，能够主动面对挑战，并有能力调整自己的情绪和思维方式，以应对不同的情境和压力。维持良好的心理健康状态是大学生个人发展和学业成功的重要保障之一。通过心理教育、心理辅导和积极的生活方式管理，可以帮助学生提升心理韧性和适应能力，有效预防心理问题的发生，并促进他们的全面发展和成长。

2. 不良心理状态（心理不健康）

不良心理状态指的是个体在情感、认知或行为方面出现明显异常或困扰，影响其正常生活和功能的能力。这种状态可能包括各种心理问题，如焦虑、抑郁、人格障碍等，表现出情绪不稳定、自我认知扭曲、行为异常或社交功能受限等特征。举例来说，一位大学生可能因面临严重的学业压力和人际冲突，而出现明显的焦虑症状。他可能频繁感到不安和恐惧，担心自己的能力和表现无法达到他人的期待，导致失眠、食欲改变以及身体不适等反应。这种情况下，学生可能会避免社交场合或者学习活动，导致学业受到影响，同时心理健康状况也进一步恶化。另一个例子是抑郁症。一名大学生可能因生活中的重大挫折或者长期的情感失落，而出现持续的情绪低落、对未来失去希望以及兴趣和活动减少的现象。这种状态不仅影响了学生的学业成绩和社交生活，还可能导致严重的身体健康问题和自杀风险。不良心理状态的识别和干预至关重要。通过心理评估和专业的心理咨询，可以帮助学生识别自己的心理问题，并提供相应的治疗和支持措施。例如，提供认知行为疗法来帮助学生应对焦虑或抑郁症状，通过心理教育和情绪管理技巧来增强他们的心理韧性和应对能力。建立支持系统也是帮助学生恢复心理健康的重要手段，包括家庭、朋友以及学校的支持和理解。提供安全的社交环境和情感支持，能够有效减轻学生的心理压力，帮助他们重建积极的心理状态和生活态度。

不良心理状态不仅影响个体的生活质量和功能表现，还可能导致长期的心理健康问题。通过早期识别、有效干预和持续支持，可以帮助大学生克服心理困扰，恢复健康的心理状态，实现个人全面发展和学业成功。

3. 心理障碍状态

心理障碍状态指的是个体在心理功能或行为方面出现严重异常，超出了正常范围，严重影响其日常生活和社交能力。这种状态可能包括各种临床诊断的精神障碍，如精神分裂症、双相情感障碍、强迫症等，表现出持续的认知、情感或行为异常。举例来说，一位大学生可能出现精神分裂症的症状，这种疾病可能表现为幻觉、妄想、语言紊乱以及情感淡漠或不适当的情感反应。例如，学生可能会听到或看到不存在的声音或图像，相信自己被追踪或者受到某种威胁，这些都是精神分裂症的典型症状。这种情况下，学生可能无法有效地与现实世界互动，严重影响学业和社交生活。另一个例子是强迫症。一名大学生可能因为强迫观念和强迫行为而受到显著困扰。他可能会反复检查、清洁或者计数，因为无法控制自己的强迫想法而耗费大量的时间和精力。这种状态不仅影响了学生的日常生活和学业进度，还可能引发严重的焦虑和抑郁症状。心理障碍状态的识别和治疗需要专业的心理评估和精神科医生的介入。通过药物治疗和心理疗法，可以帮助患者减轻症状、恢复社交功能，并提高其生活质量。建立综合的康复计划和社会支持系统，对于长期管理和预防复发也至关重要。

心理障碍状态是一种严重影响个体生活功能和心理健康的病理状态。通过专业的诊断和治疗，可以有效帮助患者减轻症状，提升生活质量，并为其未来的个人成长和发展创造更多可能性。

4. 心理疾病状态

心理疾病状态指的是个体在心理功能方面出现严重的病理性异常，严重影响其情感、认知和行为的正常表现。这些疾病通常需要专业的精神科医生或心理健康专家进行诊断和治疗，以帮助患者减轻症状并恢复功能。例如，抑郁症是一种常见的心理疾病。一名大学生可能因生活压力、情感失落或生活事件的负面影响而出现持续的抑郁情绪。这种状态表现为持续的情绪低落、对日常活动失去兴趣、睡眠障碍以及体重变化等。抑郁症不仅严重影响了学生的学习和社交生活，还可能增加自杀风险，因此需要及时的干预和治疗。另一个例子是焦虑障碍，如广泛性焦虑障碍或社交焦虑症。一位大学生可能因为过度担心、紧张和恐惧而影响到日常生活和社交功能。他可能会经历无法控制的强烈焦虑感，导致身体不适、集中困难以及社交回避行为。这种情况需要通过药物治疗和认知行为疗法来帮助学生减轻焦虑症状，恢复正常的生活功能。心理疾病状态的识别和治疗通常需要多学科的合作和个性化的治疗方案。通过综合的心理评估、药物治疗和心理治疗，可以有效帮助患者减轻症状、改善生活质量，并预防复发。建立支持系统和提供教育资源，也是帮助患者及其家人理解和应对心理疾病的重要手段。

心理疾病状态不仅影响个体的情感和认知功能，还可能严重干扰其生活质量和社交功能。通过及时的干预和有效的治疗，可以帮助患者缓解症状，恢复功能，并提高其生活的整体质量。

（二）异常心理

1. 异常心理的概念

对客观现实反映的紊乱和歪曲，既反映个人自我概念某些能力的异常，也反映社会人际关系和个人生活上的适应障碍。心理异常一词是许多不同种类的心理和行为失常的统称。表现可以是严重的，也可以是轻微的，人们在日常生活中常用精神病、变态行为、情绪障碍这样的词来对此加以描述和区分。

2. 异常心理的分类

异常心理有很多类别，各国都有自己的分类体系或方案。《CCMD-3 中国精神障碍分类与诊断标准（第三版）》中精神障碍共分为以下几类。

①器质性精神障碍。

②精神分裂症（分裂症）及其他精神病性障碍。

③心境障碍（情感性精神障碍）。

④癔症、应激相关障碍、神经症。

⑤心理因素相关生理障碍。

⑥人格障碍、习惯冲动控制障碍与性行为障碍。

⑦精神发育迟滞与童年少年期心理发育障碍。

⑧童年及少年期的多动障碍、品行障碍和情绪障碍。

⑨其他精神障碍及与心理卫生情况。

第三节　学生健康心理培养的方法

一、大学生心理健康的重要性

大学生心理健康的重要性不言而喻，它直接关系到个体的学业成就、社交互动和整体生活质量。在大学阶段，学生面临着诸多挑战，如学业压力、人际关系、职业规划等，这些都对他们的心理健康构成潜在的影响。良好的心理健康状态有助于学生更好地应对这些挑战，并在面对困难时保持积极的心态和高效的应对能力。例如，一名心理健康的大学生能够有效管理学业压力，通过规划和时间管理避免焦虑和压力累积。他们可能会寻求适当的支持和资源，如心理咨询和学习技能培训，以提升自己的应对能力和抗挫折能力。心理健康的大学生往往能够更好地管理人际关系，建立良好的社交网络，并在团队合作中发挥积极作用。他们可能会更容易适应新环境和变化，因为他们具备了解决问题和调整策略的能力。心理健康教育和培养在大学生群体中尤为重要，这不仅仅是为了解决已经存在的心理问题，更是为了预防和提前干预潜在的心理困扰。通过心理健康教育课程、心理咨询服务以及校园活动的策划，大学可以为学生提供必要的资源和支持，帮助他们建立健康的心理态度和行为习惯。

大学生心理健康的重要性在于它直接影响了学生的学习成就、社会适应能力和生活质量。通过积极的干预和培养方法，学校可以帮助学生提升心理健康水平，促进其全面发展和成长。

二、培养大学生健康心理的途径与方法

影响人们心理健康的因素十分复杂多样，而生活在复杂社会集体中的个人难免会出现心理失衡，产生心理障碍，严重时还会严重损害身心健康。因此如何维护和保持心理健康以及出现心理失调时怎样恢复心理平衡，这对每一个人来说都是一件十分重要的事情。那么大学生应该怎样维护和保持心理健康呢？下面简要介绍一些行之有效的方法，供大学生参考。

（一）树立正确的人生观与世界观

树立正确的人生观与世界观是培养大学生健康心理的重要途径之一，这些观念不仅影响个体对待挑战和困难的态度，还决定了他们在成长过程中如何处理压力和逆境。例如，一位大学生如果能够树立积极向上的人生观，即使面对挑战和失败，也能够从中汲取经验和教训，进而不断成长和进步。这种人生观通常包括对自我能力的积极认知，相信自己在面对挑战时能够找到解决方案，并从中学习和成长。正确的世界观也是培养健康心理的关键。通过理解和接受多样性，包容不同观点和文化，大学生可以拓展自己的视野，增强社会适应能力和沟通技巧。例如，一个有着开放世界观的大学生可能更能够理解他人的立场和情感，建立积极的人际关系，减少误解和冲突。树立正确的人生观与世界观不仅仅是一种认知上的转变，更是一种心理上的保护机制。它能够帮助大学生建立健康的心理边界，减少不必要的焦虑和压力，从而更好地应对学业挑战和生活变化。学校可以通过课程设置、社团活动和导师制度等途径，促进学生正确人生观和世界观的形成。提供心理健康教育，引导学生通过积极的心理活动和自我认知，建立良好的心理模式和生活态度，对于他们的未来发展具有长远的积极影响。

（二）应对他人过高的期望

应对他人过高的期望是培养大学生健康心理的另一个重要途径。在大学生活中，许多学生面临来自家庭、社会和学术环境的压力，这些压力往往来源于他人对他们的期望过高，导致内在焦虑和自我负担。举例来说，父母可能希望他们的孩子在大学里表现出色，进而取得优异的成绩和事业成功。然而如果这些期望过高并且无法达到，学生可能会感到沮丧和无助，甚至出现自我怀疑和自尊受损的情况。这种压力不仅影响了学生的学习效果，还可能对其心理健康产生负面影响。社会环境也可能对大学生施加过高的期望压力。例如，某些专业领域可能存在着极高的竞争和期望，要求学生在学术、科研或就业方面达到极高的标准。如果学生感受到这种压力，可能会出现焦虑、抑郁或者自我怀疑的情绪反应，严重影响其心理健康和生活质量。因此为了培养健康的心理状态，大学生应该学会管理和调整他人对自己的期望。这不意味着放弃努力或目标，而是要理性地看待外界的期待，并在自己能力范围内设定合理的目标和期望。通过接受自我和他人的现实，学生可以减少不必要的压力和焦虑，更好地专注于个人成长和学业发展。学校和社会也可以通过提供心理健康支持和资源，帮助大学生建立积极的心理调适机制，减少因他人期望压力带来的负面影响，促进其健康和全面发展。

（三）不对自己过分苛求

不对自己过分苛求是另一种重要的方法，有助于培养大学生健康心理。在大学生活中，学生往往面临着高强度的学业压力和社会期待，容易陷入自我要求过高的状态，这可能导致焦虑、抑郁甚至自我否定。例如，一名大学生可能因为追求完美而对自己要求过高，每次考试都要取得满分或接近满分，即使在其他方面也要力求无懈可击。这种态度可能导致他在失败或不如预期的情况下感到沮丧和失望，进而影响其心理健康和自信心。社交和人际关系中的过高要求也可能对大学生的心理造成负面影响。例如，一位学生可能因为希望自己在社交圈中深受欢迎或者与每个人都保持良好关系而过分苛求自己，这种行为可能导致他忽视自己真实的情感和需求，最终导致心理疲劳和自我认同问题。因此大学生应该学会接受和尊重自己的局限性，不要过分苛求完美或追求不合理的目标。适当的自我要求能够激励个人进步和成长，但过高的自我期望则可能成为心理健康的障碍。学校和社会可以通过心理健康教育和咨询服务，帮助学生建立合理的自我期望和应对压力的策略。这包括教导学生如何设定可实现的目标，如何平衡学业与个人生活，以及如何处理失败与挫折。通过这些支持和资源，学生可以更好地保持健康的心理状态，促进其全面发展和幸福感。

（四）学会情绪的自我调控

学会情绪的自我调控对于大学生的心理健康至关重要。大学生活中常常伴随着各种情绪波动，如学业压力、人际关系问题以及职业未来的不确定性，这些都可能影响他们的情绪状态和生活质量。例如，一位大学生可能因为考试的紧张而感到焦虑和压力，导致学习效率下降。另一方面，社交场合中可能会遇到冲突或者挫折，这些都可能引发愤怒、沮丧或自我怀疑的情绪反应。在这些情况下，学生如果缺乏有效的情绪调节能力，可能会陷入负面情绪的循环中，进而影响到他们的学习生活品质。因此学会情绪的自我调控包括了解自己的情绪状态、寻找有效的情绪释放和调节方式，以及在面对挑战时保持冷静和理性。例如，通过深呼吸、放松训练或者运动来缓解焦虑和紧张感；通过写日记、与朋友交流或者寻求心理咨询来表达和释放压抑的情绪；通过正面思维和问题解决策略来处理困难和挑战，这些方法都可以帮助大学生更好地管理自己的情绪状态。学校和社会可以通过提供心理健康资源和支持，教导学生有效的情绪调节技巧。例如，组织情绪管理的培训课程或者提供定期的心理辅导服务，以帮助学生学会识别、理解和应对自己的情绪反应。这不仅有助于他们在大学生活中更好地应对各种挑战，还能够提升他们的自我认知和心理韧性，促进其全面发展和成长。

（五）自我娱乐

自我娱乐是促进大学生心理健康的重要方面之一，它指的是学生通过自主选择和参与感强的活动来放松身心、缓解压力，并增强个人幸福感和生活满意度。大学生可以通过兴趣爱好来进行自我娱乐。比如，喜欢音乐的学生可以选择弹奏乐器或者听音乐来放松自己；喜欢阅读的学生可以选择看书来丰富自己的知识和放松心情；喜欢运动的学生可以选择参加健身课程，或者户外活动来放松身体和释放压力。这些活动不仅能够帮助学生摆脱学习和生活中的压力，还能够提升他们的情绪状态和心理健康。社交活动也是一种重要的自我娱乐方式。大学生可以通过参加社团活动、组织聚会或者与朋友进行交流来增强社交互动，享受团体活动带来的乐趣和满足感。这种社交互动不仅有助于建立和维护良好的人际关系，还能够缓解孤独感和抑郁情绪，促进学生的整体幸福感和生活质量。

自我娱乐对于大学生是非常重要的，它不仅是释放压力和放松身心的有效途径，还能够帮助他们建立积极的生活态度和心理抵抗力。学校可以通过提供多样化的课外活动和资源支持，鼓励学生积极参与自我娱乐，从而促进他们的全面发展和健康成长。

（六）多找朋友倾诉

多找朋友倾诉是帮助大学生维护心理健康的有效策略之一。在大学生活中，面对各种挑战和压力，有时独自承受可能会加重其心理负担，而与朋友分享心情则可以减轻情绪压力，增强情感支持和应对能力。举例来说，当一名大学生遇到学习困难或考试焦虑时，通过与朋友交流可以获得理解和建议，朋友的支持和鼓励有助于减少焦虑感并找到解决问题的方法。面对人际冲突或情感问题时，与朋友倾诉可以帮助学生释放情绪、整理思绪，并得到来自不同角度的建议和反馈，有助于健康地处理情感和解决问题。在社交层面，多找朋友倾诉也有助于建立和加强人际关系。通过分享彼此的感受和经历，学生能够建立更深厚的友谊，提升社交支持网络，这对于心理健康的长期稳定具有重要意义。学校和社会可以通过组织团体活动、提供心理咨询服务等方式，鼓励和支持学生多找朋友倾诉。学校可以设置心理健康促进活动，如心理健康周或心理健康工作坊，提供安全、包容的交流空间，帮助学生学会有效的沟通和倾诉方式。社会也可以通过社区活动和支持组织，为大学生提供情感支持和心理健康资源，帮助他们建立积极的社会支持系统，从而增强其心理韧性和生活质量。

（七）积极参加社会活动，扩大人际交往

积极参加社会活动并扩大人际交往对大学生来说具有重要意义，不仅有助于丰富校园生活，还能够促进个人成长和心理健康。通过参与各种社会活动，大学生可以扩展人际网络，增加社交经验，培养团队合作能力，以及提升自信心和社会适应能力。加入学生社团或组织是大学生积极参与社会活动的一种主要方式。在社团中，学生不仅可以结识志同道合的朋友，还可以通过组织参与各种活动（如义工服务、文化展示、学术竞赛等）来展示和发展自己的才能和兴趣。这种参与不仅为个人增添了丰富的校园经历，还能够帮助学生建立起长久的人际关系，从而增强社交支持网络和情感安全感。积极参与社会活动还有助于大学生发展批判性思维和解决问题的能力。通过与不同背景和观点的人交往，学生能够开阔视野，增加对社会、文化和政治问题的理解，培养跨文化交流和合作的技能。学校可以通过支持多样化的社会活动和组织，如文化节、学术讲座、志愿服务等，来鼓励学生积极参与。提供相关的领导力培训和团队合作的机会，帮助学生更好地发挥其潜力和才能。通过这些努力，学校可以促进学生的全面发展，提升其心理健康和社会适应能力，为其未来的职业生涯和个人生活打下坚实的基础。

（八）不盲目地处处与人竞争，以免过度紧张

在大学生活中，不盲目地处处与人竞争是维护心理健康的重要原则之一。尽管竞争可以激励学生努力进取，但过度的竞争压力可能导致情绪紧张、焦虑和自我怀疑，对个人的心理健康产生负面影响。举例来说，大学生在学术上的竞争是普遍存在的。一些学生可能因为过于关注排名、成绩和竞争对手的表现而感到紧张和焦虑。这种竞争压力如果超过个体承受能力，可能会导致其学习效率下降、自我否定以及社交隔阂，进而影响到整体的学术和生活质量。因此学生应当根据自身的能力和兴趣设定合理的目标，避免过度追求竞争而忽视了自我成长和身心健康。他们可以通过明确自己的学习和职业发展方向，制定可行的计划并持之以恒地执行，以便在适度的竞争中保持良好的状态和心态。学校在这方面可以发挥重要作用，提供支持和指导，帮助学生建立正确的竞争观和应对策略。例如，组织心理健康工作坊，提供个性化的学习辅导和职业规划服务，鼓励学生参与团队合作和互助学习，这些都有助于学生树立积极健康的竞争态度，避免不必要的心理负担和紧张情绪。

理性对待竞争，保持内心平衡和自信，树立正确的竞争观念，这些对于大学生的心理健康和全面发展至关重要。通过平衡个人目标和社会期望，学生可以更好地应对学术和生活中的挑战，实现自身的成长和进步。

第二章　学生情绪、挫折与压力健康教育

第一节　学生情绪与心理健康

一、情绪心理概述

（一）情绪及其种类

情绪是人类情感生活中的重要组成部分，它不仅影响着个体的心理状态和行为反应，也深刻影响着人们的社交互动和生活质量。情绪可以被理解为对内外界刺激的主观体验和反应，通常分为积极情绪和消极情绪两大类。

积极情绪包括快乐、喜悦、希望、满足等，通常伴随着正向的体验和愉悦感。例如，当一个学生收到一封理想大学的录取通知书时，会感受到强烈的喜悦和满足，这种积极情绪有助于提升其自信心和积极心态，进而影响其学习和生活的表现。消极情绪则包括焦虑、沮丧、愤怒、恐惧等负面情绪，通常伴随着不快或痛苦的体验。例如，当学生面临重要考试或紧张的社交场合时，可能会感受到焦虑和恐惧，这些消极情绪如果不能得到有效管理和调节，可能会影响其学习效率和心理健康。情绪的种类和表现因人而异，取决于个体的性格特点、生活经历、环境刺激以及个人认知和情感调节能力。情绪的管理对于维护心理健康至关重要，有效的情绪调节策略包括寻求社会支持、运动放松、艺术创作、认知重构等，可以帮助个体更好地处理压力和情绪波动，提升心理韧性和抗挫折能力。

情绪是人类情感生活中的重要组成部分，它不仅反映了个体对环境的态度和感受，还深刻影响着人们的行为和生活质量。通过有效的情绪管理和调节，学生可以更好地适应学习和生活中的挑战，促进个人的全面发展和心理健康。

（二）情绪的基本状态

1. 心境

心境是指个体在某一特定时间段内的情绪状态和心理状态的总体反映，通常表现为一种相对稳定的情绪倾向或情绪基调。它不同于短暂的情绪反应，而是一种更持久、更广泛的情感状态，可以影响到个体的整体感知、态度和行为。举例来说，一个人可能处于心情愉快、轻松或者沉闷、疲倦的心境之中。这种心境可能受到多种因素的影响，如个人的生活事件、工作或学习压力、人际关系、健康状况等等。一个学生在一段时间内频繁遭遇学术挑战和人际冲突，可能会体验到一种沮丧或焦虑的心境，这种心境可能影响其学习效率和整体的心理健康。心境的形成与个体的情绪调节能力密切相关。那些能够有效调节情绪的人往往能更好地管理自己的心境，从而在面对生活中的各种挑战时保持相对稳定的情感状态。例如，通过积极的生活方式、健康的心理习惯和寻求支持等方式，个体可以有效地调节和管理自己的心境，增强心理韧性和应对压力的能力。学生情绪和心理健康教育的目标之一就是帮助学生认识和理解自己的心境变化，并学会有效的情绪调节策略。通过提供心理咨询服务、组织心理健康教育活动等，学校可以提升学生的情绪管理能力和心理健康水平，从而帮助他们更好地适应大学生活中的各种挑战和压力。

2. 激情

激情是一种强烈的情感体验，常伴随着积极的情绪和高度的动机状态，使个体投入到特定活动或目标中，并以极大的热情和决心去追求。激情的特征包括强烈的兴奋感、专注度高、持续时间较长，并能够带来创造性的表现和成就感。举例来说，一位音乐学院的学生可能在演奏时体验到强烈的激情。当他沉浸在音乐的旋律中，感受到音符的流动和谐时，他的情绪状态可能会变得非常高涨，充满了激情和动力。这种激情不仅提升了他的表演质量，还能够帮助他在音乐领域中不断进步和创新。激情对个体的积极影响是显而易见的。它不仅增强了个体的专注力和动机，还能够提升工作和学习的效率。在学术领域，一位研究生可能因为对某一特定领域的深刻兴趣而充满激情，致力于探索新的理论或解决实际问题。这种激情驱使下的学术探索往往会产生创新性的成果，为学术界或社会带来积极的影响。然而激情也需要适度的管理和调节，过度的激情可能导致个体疲劳、过度投入或忽视其他重要方面的生活平衡。因此学生应当学会如何在保持激情的同时保持身心健康的平衡。学校和教育机构可以通过支持学生参与兴趣小组、组织学术讲座或比赛等方式，激励学生发现并追求自己的激情，同时提供必要的支持和资源，帮助他们在学术、艺术或其他领域中实现个人成长和成功。

3. 应激

应激是指个体对外界压力和挑战做出的生理和心理反应。这种反应可以是身体上的、情绪上的或行为上的，通常是为了应对适应当前的环境压力或情境变化。举例来说，考试是学生常见的应激事件之一。在考试前，学生可能会经历情绪上的紧张焦虑、身体上的紧张感（如失眠或食欲减退）以及行为上的反应（如学习时间的增加或者社交活动的减少）。这些反应是个体为了适应考试带来的压力和期望所做出的生理和心理调整。应激反应的形式和强度因人而异，取决于个体的心理韧性、应对策略以及应激事件的性质和影响。一些人可能对小到中度的压力产生过度反应，而另一些人则能够相对轻松地应对大量的压力和挑战。有效的应对应激的策略包括建立积极的应对机制、寻求社会支持、保持健康的生活方式和发展应对压力的技能。例如，学生可以通过规划和管理时间来减少考试压力，通过深呼吸或冥想来放松紧张的情绪，或者与朋友分享感受以获得情感支持。学校和教育机构在应对学生应激反应方面起着关键作用。提供心理健康支持服务，组织压力管理和情绪调节的培训，创建支持性的学习和社交环境，都可以帮助学生更好地理解和应对应激事件，提升他们的心理韧性和适应能力，从而更好地应对学业和生活中的挑战。

（三）情绪的功能

1. 信号功能

情绪具有多种功能，其中之一是信号功能，它通过个体的情绪体验和表达向外界传递信息，帮助他人理解和反应。这种功能使得情绪不仅是个体内部状态的反映，也是社交互动和人际关系中的重要沟通工具。举例来说，当一个学生在课堂上感到沮丧和疲倦时，这种情绪状态表明他可能面临着学习上的困难或个人挫折。这种沮丧的情绪通过面部表情、姿势和语言暗示，向老师和同学传达了他的内在状态。这种情绪信号可以促使周围的人们关注学生的情绪状态，采取支持或帮助的措施，以改善学生的学习体验和心理状态。当一个人感受到强烈的愤怒时，他可能会表现出愤怒的面部表情和言语，这些情绪信号可能提示他可能正在经历某种挫折或不满。这种情绪信号激发了社交互动和情感反应，促使其他人适当地响应和调整自己的行为，以减少冲突或解决问题。情绪的信号功能在人类交流和社会互动中起着至关重要的作用。通过情绪的表达和接收，个体能够更好地理解彼此的需求、意图和情感状态，从而促进有效的沟通和相互理解。在教育和学习环境中，了解和应对学生的情绪信号可以帮助教师和同学们更好地支持和协作，营造积极的学习氛围和人际关系。

情绪的信号功能不仅有助于个体自我表达和情感调节，也是社会交往和人际互动中的重要因素。通过理解和尊重他人的情绪信号，可以建立更加和谐有效的人际关系，推动个体和社会的发展进步。

2. 动机功能

情绪的动机功能指的是情绪如何激励和引导个体的行为，促使其朝向特定的目标或采取特定的行动。这种功能使得情绪不仅是一种内部体验，更是行为驱动的重要因素，对个体的动机、决策和成就起到重要作用。举例来说，当一个人感到对某项工作或项目充满热情和兴奋时，这种积极的情绪状态可以激发他的动机，促使他投入更多时间和精力来完成任务。这种情绪驱动的动机可以显著提高个体的工作效率，因为他将情感投入到工作中，享受其中的挑战和成就感。另一个例子是竞技运动员在比赛中经常体验到竞争和兴奋的情绪。这些情绪不仅增强了他们的动力和专注力，还能够提高他们的运动成绩。例如，一名高尔夫球手在决赛前可能会感受到紧张和兴奋，这种情绪状态可能促使他更加专注于每一杆的击球，力求达到最佳表现。情绪的动机功能与个体的目标设定和情境适应密切相关。积极的情绪如兴奋、乐观和热情通常会增强个体的动机，而消极的情绪如焦虑、沮丧和恐惧可能会削弱动机。因此，理解情绪如何影响个体的动机和行为，可以帮助个人更有效地管理情绪，在学习、工作和生活中实现更好的表现和成就。在教育和管理实践中，了解和利用情绪的动机功能对于激励学生和员工具有重要意义。通过营造积极的情绪氛围，设定具有挑战性和激励性的目标，提供支持和奖励，可以有效地激发个体的内在动机和创造力，从而推动个人和组织的发展与成长。

3. 健康功能

情绪的健康功能指的是情绪如何影响个体的心理和生理健康，以及促进整体的幸福感和生活质量。积极的情绪可以对身体和心理产生积极的影响，有助于个体应对压力、增强抵抗力，并促进身心健康的长期稳定。研究表明，积极的情绪如喜悦、兴奋和爱心与身体健康之间存在正向关联。积极的情绪有助于降低患心血管疾病、高血压和糖尿病等慢性疾病的风险。一项研究发现，那些经常体验积极情绪的人群，其心血管健康状况通常更好，生活质量也更高。积极的情绪还有助于增强个体的心理抵抗力和应对能力。面对生活中的挑战和压力时，积极情绪可以帮助个体更好地应对和调整，减少负面情绪如焦虑和抑郁的发生。研究发现，那些在情绪上积极的人往往更能有效地应对工作压力和家庭冲突，从而保持心理健康。情绪的健康功能不仅影响个体的身体健康和心理状态，还有助于提升整体生活质量和幸福感。因此，个体应当学会通过积极的情绪调节和情绪管理，来提升自己的健康水平和生活质量。教育和心理健康服务可以通过教授情绪调节技能、提供心理支持和建立积极的学习和工作环境，帮助个体更好地管理情绪，增强心理健康和整体幸福感。

情绪的健康功能不仅有助于身体和心理的健康，还能够提升个体的生活质量和社会适应能力，对于个人和社会的发展具有重要意义。

二、大学生情绪的特点

大学生处于生理和心理发展的重要阶段，身心的剧烈变化明显反映在情绪上，并且带有鲜明的特点，呈现出一定的年龄特征。

（一）丰富性和复杂性

大学生正处于青春期，面临学习、交友、恋爱等重大人生选择，情绪体验丰富、复杂。时而兴高采烈、踌躇满志，时而悲观沮丧、斗志全无，时而心静如水、无欲无求，时而热血沸腾、心高气盛。

(二) 稳定性和波动性

稳定性和波动性是大学生情绪的特点之一，通常受到学业压力、人际关系、未来不确定性等因素的影响。大学生常常经历情绪的波动，既可能因为考试、课程负担或者社交压力而感到焦虑和压力，也可能因为取得进步、社交活动或者个人成就而感到喜悦和满足。例如，某位大学生可能在期末考试前感受到强烈的紧张和压力，因为他们担心考试成绩会影响到学业和未来的发展。这种焦虑和紧张可能导致情绪的波动，影响到日常的情绪状态和心理健康。然而一旦考试结束并获得了理想的成绩，这种紧张和焦虑可能会迅速转变为喜悦和轻松，体现出情绪的波动性和灵活性。大学生情绪的波动性不仅受到外部环境的影响，也与个体的情绪调节能力和心理韧性有关。有效的情绪管理和积极的心理调适策略可以帮助大学生更好地应对情绪的波动，减少负面情绪的持续时间和强度，提升心理健康和生活质量。

(三) 阶段性和层次性

大学生情绪的阶段性和层次性表现出随着学习和成长不同阶段而变化的特点。新生阶段的大学生往往面临适应新环境、建立新社交网络以及适应学术挑战的压力，他们可能会经历情绪上的不安和焦虑。随着时间的推移和社会经验的积累，大学生的情绪可能逐渐稳定，适应性增强，开始更加自信和独立。在学业上，大学生也可能经历情绪的层次性变化。例如，进入新的学期或面对重要考试时，他们可能会感到紧张和压力；而在完成一个重要项目或取得好成绩后，则可能体验到成就感和满足感。这种阶段性和层次性的情绪变化，反映了大学生在学术和个人生活中面临的不同挑战和成就，以及他们情绪应对的灵活性和适应能力。了解和关注大学生情绪的阶段性和层次性，有助于教育工作者和心理健康专家更好地支持和引导学生，通过提供恰当的心理健康资源和支持系统，帮助他们顺利度过学习生涯中的各个阶段，促进其心理健康和全面发展。

(四) 外显性和内隐性

大学生情绪的外显性和内隐性表现出他们在表面情绪和内心感受之间的差

异。外显性情绪通常是指显而易见的情感表达，如笑容、眼泪或者语言表达，可以直接观察到。例如，一位大学生在获得奖学金时可能会展现出外显性的喜悦和兴奋，这种情绪常常通过面部表情和言语来表达。而内隐性情绪更多指那些个体内心深处的情感和感受，不易被外界察觉或表达出来。例如，即使一个大学生表面上看起来镇定自若，他内心可能因为一些个人挑战或情感困扰而感到焦虑或不安。这种内隐性情绪常常需要更深入的沟通和理解才能被察觉。理解外显性和内隐性情绪对于教育和心理健康服务提供者来说至关重要，因为只有深入了解学生的内心感受和真实情绪，才能够有效地提供支持和帮助。通过建立信任关系、开展有效的沟通倾听，可以帮助大学生更好地理解和管理他们的情绪，促进其心理健康和全面发展。

（五）冲动性和爆发性

大学生情绪的冲动性和爆发性指的是他们可能表现出突然和强烈的情绪反应，往往是在面对压力或挑战时。冲动性情绪反应通常是指在情绪激动或情绪高涨时，个体可能会做出仓促或不经思考的行为。例如，某位大学生在一次争论中可能因为情绪激动而做出不理智的回应，甚至可能导致争吵或冲突的发生。爆发性情绪则更多指在长时间累积的情绪压力或挑战之后，情绪可能会突然爆发出来，表现为情绪失控或情绪爆发。例如，一个长时间受到学术压力和人际关系问题困扰的大学生，可能会在某个时刻因为一件小事而情绪失控，表现出愤怒、沮丧或哭泣等强烈的情绪反应。理解和管理大学生的冲动性和爆发性情绪对于提升他们的心理健康程度至关重要。通过情绪管理技巧、心理支持和积极的应对策略，可以帮助大学生更好地认识和理解自己的情绪反应，减少不良情绪的持续时间和强度，从而促进他们的个人发展和学业成功。

三、大学生常见的情绪问题

一般认为，适度的、情境性的负面情绪反应是正常的，如果能处理得当，不会对人的生活造成影响。但是如果负面情绪得不到合理的宣泄与调节，则会影响人的生活、工作和学习，造成心理健康受损，甚至引发身体疾病。

(一) 焦虑

1. 适应焦虑

适应焦虑是大学生常见的情绪问题之一，通常表现为对新环境、新任务或不确定性的适应过程中所产生的焦虑和不安感。大学生在面对新的学术要求、社交压力和生活挑战时，往往会感到不安和焦虑，这种情绪可能会影响他们的学习、社交以及心理健康。例如，刚步入大学校园的新生可能在面对学业上的挑战和社交关系的调整时感到压力重重。他们可能担心自己是否能够适应新的学术要求，与陌生人建立起联系，或者在面对大学生活中的各种变化时，产生对未来的不确定性焦虑。

2. 学习焦虑

学习焦虑是大学生常见的情绪问题，特别是在面对高压的学术要求和考试压力时。这种焦虑可能源于对学术表现的担忧、对成绩的过度关注以及对未来职业发展的压力。大学生在追求学术成功的过程中，可能会出现学习焦虑的症状，如担心不能达到期望的成绩、害怕失败或不及格，这些焦虑甚至会对学习的动力和兴趣产生负面影响。例如，某些学生可能会在考试前感到极度紧张，导致记忆力下降或注意力不集中；在面对大量的学术任务和期限压力时，出现情绪低落或消极情绪。

3. 自我形象焦虑

自我形象焦虑是大学生常见的情绪问题，涉及到对自己外貌、身体或者社会认可的担忧和不安感。在大学生活中，个体往往面对社交媒体的影响、同龄人的比较和自我期望，导致对自身外貌和形象产生负面情绪。例如，一些学生可能会因为体重、外貌特征或身体形态而感到不安，担心自己不符合社会或他人的审美标准。社交媒体上的理想化身体形象和生活方式也可能加剧自我形象焦虑，使得他们感到需要不断比较和调整自己以获得认可。

4. 人际交往焦虑

人际交往焦虑指因为人际关系失调或者恋爱引起的焦虑。

随着大学生活的展开，学生们需要面对来自不同背景、性格和习惯的同学，建立新的人际关系网络。然而在这个过程中一些学生会因为缺乏社交技巧、自信心不足或者对人际关系的期望过高而感到焦虑。他们担心自己的言行举止不被他人接受，害怕被拒绝或孤立，这种担忧往往会导致他们在社交场合中表现得紧张、拘谨，甚至避免与他人交流。大学生在恋爱过程中会因为对感情的投入和期望，以及对未来不确定性的担忧，而产生焦虑情绪。这种焦虑不仅影响他们的情感状态，还对他们的学业和生活产生负面影响。因此大学生需要学会正确处理和调节人际交往中的焦虑情绪，以保持良好的心理健康状态。

（二）恐惧

恐惧是大学生常见的情绪问题之一，通常表现为对某些特定事物或情境的强烈害怕或回避。例如，有些学生可能因为考试失败而产生对考试的恐惧，导致临近考试时出现焦虑和身体不适；一些学生可能因为社交场合的恐惧而避免参加社交活动，影响到他们的社交互动和人际关系。恐惧情绪的出现通常会带来心理和生理上的负面影响，如心跳加速、呼吸困难或全身不适等。有效的应对策略包括面对恐惧并逐步暴露于其之下，寻求专业的心理支持和技巧来缓解恐惧情绪，通过认知重建来改变对恐惧对象的看法和反应等。通过这些方法，大学生可以逐步克服他们的恐惧，提升他们的心理健康和生活质量。

（三）自卑

自卑是大学生常见的情绪问题，表现为对自己能力、价值或社会地位的负面评价和不安感。例如，一些学生可能因为与同学的比较或对自身能力的怀疑而产生自卑感，觉得自己不如他人或无法达到期望的标准。这种情绪可能源于个人经历、家庭环境或社会压力，对个体的心理健康和自信心产生负面影响。应对自卑的策略包括建立积极的自我认知和自尊心，接受自己的独特性和局限性，寻求支持和帮助来应对负面情绪。学校可以通过提供心理咨询服务、自我发展课程和支持性学术环境，帮助学生树立积极的心态和自信心，从而减轻他们的自卑感并提升整体的心理健康水平。通过这些措施，大学生可以更好地应对自卑情绪，积极面对生活中的挑战和机遇。

(四) 愤怒

愤怒是大学生中常见的情绪问题，通常由于对某些事件、人物或情况的不满或受挫感而引发。例如，学术压力大、人际冲突或个人目标未达成时，一些学生可能会经历愤怒情绪。这种情绪可能表现为情绪激动、言语攻击性或行为上的冲动反应。有效管理愤怒的策略包括情绪调节技巧、冷静思考和积极的解决问题能力。例如，通过深呼吸、放松技巧或情绪释放活动来缓解愤怒，同时寻求理性的解决方案和支持来处理引发愤怒的问题。学校可以通过提供冲突解决培训、心理咨询服务和支持性学术环境，帮助学生学会有效管理愤怒情绪，避免其对个人和社交生活产生负面影响。通过这些方法，大学生可以更好地应对愤怒情绪，维护良好的情绪状态和人际关系。

(五) 孤独感

孤独就是我们感到自身和外界隔绝，或受到外界排斥所产生出来的孤伶苦闷的情感。轻微的孤独给人留下了思考的空间，但如果孤独感经常出现且持续较长时间，会使个人封闭自己，在行动上被动、退缩，从而影响学习和生活，甚至引起一些心理问题。

(六) 嫉妒

嫉妒是大学生中普遍存在的情绪问题，常因为他人的成就、优势或幸运而产生。例如，当同学在学术、社交或个人生活中取得成功时，有些学生可能会产生嫉妒，觉得自己相比之下不够出色或不够幸运。这种情绪常伴随焦虑、自我怀疑和自我否定，影响到个体的情绪健康和自信心。应对嫉妒的有效策略包括认识到自己的情绪，并尝试从中获得启发或动力，而非消极情绪驱动。建立积极的自我价值感和自我成长观念，通过设定个人目标、专注于自身发展以及欣赏他人的成功而非将其视作威胁等方式，有助于减轻嫉妒情绪的负面影响。学校可以通过心理健康教育和支持服务，帮助学生理解和管理嫉妒情绪，促进健康的社交互动和积极的心理发展。

四、大学生情绪问题产生的原因

（一）社会环境

良好情绪的培养是一个循序渐进、润物无声的过程，它需要大学生自知、自控、自励，更需要社会为学生们提供一个宽松的环境。只有一个自由、公平、有序的社会环境才能够给他们以充分施展的机会，让他们乐于融入社会、善于道出心声、敢于承受压力，使他们始终做到头脑冷静、行为理智，令青年时刻保持良好心境和豁达胸怀。耳濡目染下，学生的情商自然会得到提高，人格也会日趋完善。

（二）学校环境

大学生情绪问题的产生与学校环境密切相关。例如，学术压力和竞争激烈的学习氛围常常是导致情绪问题的原因之一。学生在面对繁重的课业、严格的考试和高要求的学术标准时，容易感到焦虑、压力和自卑，进而影响他们的情绪稳定和心理健康。社交压力和人际关系的挑战也是另一个因素。例如，适应新的社交圈子、处理室友冲突或面对群体排斥等，都可能导致学生情绪波动和负面情绪的出现。学校应对这些问题的策略包括提供全面的心理健康支持和资源，如心理咨询服务、情绪管理课程和支持性社区环境，帮助学生应对学术压力和社交挑战。通过提供有效的支持和教育，学校可以促进学生的情绪调节能力和心理韧性，从而减轻情绪问题的发生和影响，为他们的学术和个人成长创造更加健康和积极的学习环境。

（三）家庭因素

大学生情绪问题的产生与家庭因素密切相关。家庭的期望和压力可能对学生产生负面影响。家长对于学术成绩、职业选择或个人发展的高期待，有时会给学生带来沉重的心理压力，导致他们产生焦虑、自卑或抑郁等情绪问题。家庭中的亲密关系和家庭氛围也会对学生的情绪健康产生重要影响。例如，家庭成员之间的紧张关系、经济困难或家庭成员的健康问题，都可能影响到学生的情绪状态和心理健康。家庭因素对学生情绪问题的影响需要教育机构和家庭共同关注和解决，学校可以通过家庭教育支持计划、家长参与活动和家庭心理健康教育，帮助家长理解和支持孩子的心理发展，减少不必要的家庭压力和冲突。学校也可以提供学生心理健康服务和支持，帮助他们更好地应对来自家庭的压力和情绪挑战，促进他们在学术和个人生活中的全面发展和健康成长。

（四）学生自身原因

大学生情绪问题的产生与学生自身的多种因素密切相关。个人性格特征和应对能力的不同可能会导致情绪问题的差异。有些学生可能因为个性内向、情绪波动大或自尊心低而更容易感受到焦虑、抑郁等负面情绪。学生的生活方式和应对压力的方式也是影响因素。不良的生活习惯、缺乏有效的应对压力的策略或过度的自我要求，都可能使学生更容易陷入情绪困境。个人的人生经历和社会背景也会影响到情绪问题的发生。过往的创伤经历、适应新环境的能力或个人成长阶段中的挑战，都可能对学生的情绪状态产生深远的影响。在应对这些因素时，学校可以通过心理健康教育、个体化的心理咨询服务和支持性的学习环境，帮助学生发展积极的情绪调节能力和心理弹性，以应对生活中的各种挑战和压力，促进他们的健康成长和全面发展。

五、大学生情绪管理

有效的情绪管理和调控是身心健康的"护航者"，是智力活动的"激发器"，是良好人际关系的"润滑剂"，是良好性格的"塑造者"。按照情绪产生和发展的规律调节和管理大学生的情绪，有利于他们营造良好的心境，享受愉快的生活，从而提高学习效率。

（一）大学生情绪健康的基本标准

大学生情绪健康的基本标准包括对情绪的认知和管理能力，以及积极应对生活中的压力和挑战。这意味着学生能够识别自己的情绪状态，理解情绪背后的原因，并有效地运用策略来调节情绪。例如，面对学术压力，一个情绪健康的大学生可能会采取适当的时间管理和学习技巧，以减轻焦虑和压力感。良好的社交和人际关系能力也是情绪健康的体现,能够帮助学生建立支持系统,减少孤独感和抑郁风险。情绪健康的大学生还能够根据不同情境调整自己的情绪反应,在面对挫折时保持乐观,或在成功时保持谦逊。维持良好的生活平衡也是维持情绪健康的重要因素,包括足够的睡眠、健康的饮食习惯和适度的运动等。学校可以通过心理健康教育、情绪管理课程和个体化的心理咨询服务,帮助学生培养和提升这些基本素养,以促进他们的整体健康和学术成功。

(二)合理疏泄的方法

合理疏泄是大学生情绪管理的重要组成部分,有助于他们释放压力、调节情绪,从而维持心理健康。一种有效的方法是通过身体活动来释放情绪,例如定期的运动或体育活动。身体活动不仅可以释放压力,还能促进大脑内多巴胺的分泌,提升心情。慢跑、瑜伽或健身课程都可以帮助学生在学习和考试压力下放松身心。另一种疏泄方式是通过艺术创作来表达情感,如绘画、写作、音乐或舞蹈。这些艺术形式允许学生将内心的情感和体验转化为创作,从而减轻负面情绪的积聚。写日记、弹奏乐器或参与舞蹈班可以帮助学生在表达情感和情绪调节方面找到出口。社交支持也是一种重要的合理疏泄方式。与朋友、家人或信任的同学交流,分享自己的感受和困扰,能够减少孤独感和压力,增强情绪的稳定性。有时候,仅仅是有人倾听和理解就已经足够帮助学生缓解情绪。有效的时间管理和放松技巧也是合理疏泄的关键。学会合理安排学习与休息时间,避免过度劳累和焦虑,有助于保持情绪的稳定和健康。通过以上多种方法,大学生可以选择适合自己的方式来进行情绪疏泄,从而维护良好的心理健康状态,提升学习和生活的质量。

第二节　学生挫折应对与压力管理

一、压力、挫折心理概述

（一）挫折的内涵

1. 挫折的哲学解释

挫折在心理学和哲学上被解释为个体在追求目标过程中遭遇的阻碍或失败，它不仅是一种外部事件的结果，更是对个体内心状态的挑战和考验。哲学上，挫折被视为个体成长和自我发展的必然组成部分，促使人们在面对失败时反思和重塑自己的认知和态度。例如，苏格拉底在古希腊哲学中强调，通过面对挫折和困难，个体才能够更深刻地理解自己和世界，从而获得真正的智慧和成长。在心理学角度上，挫折可以引发个体的负面情绪反应，如沮丧、焦虑或自我怀疑，尤其是在竞争激烈或高压的环境中，例如学术竞争或职业挑战。然而挫折也为个体提供了学习和成长的机会，通过面对挫折，个体可以发展出更强的适应能力和解决问题的技能，提升心理的韧性和抗挫折能力。因此，挫折并非终点，而是一个过程中的一部分，它促使个体从失败中吸取经验教训，增强内在的坚韧和成就感，最终实现更高的自我价值和成就。

2. 挫折的心理学解释

在心理学上，挫折被理解为个体在面对目标实现过程中遭遇到的障碍或失败，引发了负面情绪和心理压力。例如，大学生可能因为考试不理想或未获得期望的奖学金而感到沮丧和失落。挫折经历可能触发自我怀疑和自尊受损，特别是在个体自我价值感受到威胁时。心理学认为，挫折反映了个体与现实之间的差距，需要面对与适应。然而挫折也可以被视为一个学习和成长的机会。通过挫折，个体有机会反思和重新评估自己的目标和方法，增强应对类似情况的能力。心理学研究表明，适当的挫折经历有助于培养个体的适应性和应对压力的能力，从而提升心理的韧性和抗挫折能力。因此，理解和有效应对挫折是大学生心理健康和成长的重要组成部分，能够帮助他们在学术、职业和个人生活中更加成功和满意地前行。

（二）压力特征的界说

1. 压力是一种心理感受和体验

压力被定义为一种心理感受和体验，通常是由外部环境或内部期望引起的，超出了个体的应对能力范围。这种感受通常伴随着紧张、焦虑或不安的情绪，个体可能感觉无法应对当前的要求或挑战。例如，大学生在期末考试前面临的学业压力或是社交场合中的社交压力，都可能引发不同程度的心理压力。压力的特征在于它对个体的心理和生理状态产生负面影响，如睡眠质量下降、情绪波动加剧或身体健康出现问题。心理学研究表明，长期的高压状态可能导致焦虑症、抑郁症甚至心理健康问题的恶化。然而压力并非完全负面，适度的压力可以激发个体的应对和适应能力，促使其在面对挑战时表现出更高的效能和创造力。因此，理解和管理压力是大学生有效应对挑战和保持心理健康的关键。通过学习有效的压力管理技巧，如时间管理、放松训练和积极思维模式的培养，大学生可以更好地应对学业、社交和个人生活中的各种压力源，从而实现全面的发展和成长。

2. 压力是压力源作用的结果

压力被理解为压力源作用的结果，即外部事件或内部期望对个体的影响和反应。压力源可以是各种形式的挑战、需求或期望，如学术压力、社交压力或职业竞争压力。例如，一位大学生可能面临着同时处理多门课程、保持社交活动、寻找实习机会以及应对家庭期望的复杂压力源。这些压力源作用在个体身上，触发了心理和生理上的应激反应，如焦虑、紧张和情绪波动。个体的反应通常取决于其认知评估和情绪调节能力，不同的个体可能会以不同的方式应对相似的压力源。例如，有些人可能通过积极的解决问题的态度来应对学业压力，而另一些人可能会感到无力和沮丧。有效管理压力源的影响是大学生心理健康的关键。通过认识和分析压力源的来源及其影响，个体可以采取适当的策略和技巧来减少压力的负面影响，并更好地适应和调整自己的生活方式和心态，从而提升整体的生活质量和幸福感。

3. 压力反应与主观评价

压力反应与主观评价密切相关，个体对压力源的主观评价决定了其在面对压力时的情绪和行为反应。主观评价涉及个体对压力源的认知和解释，以及对自身应对能力的信心和期望。例如，一名学生在准备一场重要考试时，如果他认为自己没有足够的准备或者考试成绩对未来至关重要，那么他可能会感到焦虑和紧张。个体的主观评价也会影响其压力反应的强度和类型。一些人可能会将挑战性事件视为成长的机会，积极应对并从中学习，而另一些人可能会将相似的情况视为威胁，导致消极的情绪和应对策略，如逃避或自我怀疑。心理学研究表明，培养积极的主观评价对于有效管理压力至关重要。通过认识和调整自己的评价标准和态度，个体可以在面对挑战时更加镇定和有信心，采取更有效的应对策略。因此，教育和培训适当的应对技能和心理调节方法，如积极的心理暗示和认知重构，有助于提升个体面对压力时的自我效能感和心理健康水平。

4. 对压力的再认识

对压力的再认识包括理解其在个体生活中的双重影响，既可能是负面的心理负担，也可能是促进个人成长和适应能力的机会。例如，大学生在应对繁重的学业压力时，可能面临着焦虑和压力感，但适度的挑战也能激发他们的学习动力和创造力。从心理学角度看，压力是个体与环境之间的互动结果，它可以提醒个体面对重要的任务或目标，促使其调整行为和思维模式。然而当压力超出个体的应对能力范围时，可能会导致负面的生理和心理反应，如健康问题或情绪困扰。因此，重要的是教育个体如何有效管理和调节压力，通过积极的心理应对策略和良好的情绪调节技巧，如放松训练和认知重构，来减少负面影响并提升心理韧性。通过定期锻炼、良好的睡眠习惯和建立支持系统，大学生可以有效地减轻学业和社交压力带来的负面影响，实现全面的个人发展和健康生活。

（三）压力的作用及人的反应

1. 压力的作用：压力对人的作用具有双重性

压力对人的作用具有双重性，既能激励个体面对挑战，也可能导致负面的心理和生理反应。适度的压力可以激发个体的应对能力和创造力,促使其在压力下表现出更高的效能。例如,一位专业运动员在比赛前可能会感到一定的赛前紧张,这种紧张状态有助于提升他的注意力和反应速度,从而在关键时刻做出更好的表现。然而过度的压力或长期的压力状态可能会对个体产生负面影响,例如,工作中的高强度压力可能导致焦虑、抑郁或身体健康问题,如失眠或消化不良。长期的心理压力还可能影响认知能力和决策质量,降低工作效率和生活质量。因此理解和管理压力对于个体的健康和幸福至关重要。通过学习有效的应对策略,如时间管理、情绪调节和放松技巧,个体可以更好地调整自己的心理状态,减少负面压力的影响,并利用积极的压力激励来提升个人成长和职业表现。

2. 压力反应的阶段

压力反应通常可以分为三个阶段。第一阶段是警觉阶段,在这个阶段个体察觉到压力的存在,身体可能会产生自动的生理反应,如心跳加快、肌肉紧张等。例如,一位学生收到考试通知后可能会感到紧张和不安。第二阶段是抗阻阶段,个体开始采取行动来应对压力源,包括制定学习计划、寻求帮助或实施其他应对策略来减轻压力的影响。例如,学生可以开始系统地复习课程内容,以增强考试的准备程度。第三阶段是恢复与调适阶段,在这个阶段,无论考试的结果如何,个体都试图恢复正常的生活和情绪状态。例如,考试结束后,学生可能会通过放松活动或与朋友聚会来缓解压力,并重新调整回日常生活的轨道。这些阶段不是严格线性的,个体可能会在不同阶段之间来回波动,并根据情况调整应对策略。有效应对压力的关键在于个体的认知和应对技能以及他们的心理韧性和自我调节能力。

二、大学生心理压力和挫折分析

(一)大学生常见的心理压力和挫折

1. 学习挫折

大学生面对学习挫折时常常感到压力重重。学习挫折可以包括课业难度大、考试成绩不理想或者无法掌握复杂的学术内容等情况。例如,一位大学生可能在某门课程中遇到了困难，无论是理解不了教材内容还是难以应付课程的考试要求，这些都可能引发学习上的挫折感。学习挫折不仅仅影响了个体的学术表现，还可能对其自尊心和情绪状态造成负面影响。学生可能会感到沮丧、焦虑甚至失落，尤其是在竞争激烈或者学业压力较大的环境中。应对学习挫折的关键在于建立积极的心理态度和有效的学习策略。例如，通过向同学、老师或者辅导员寻求帮助，积极调整学习方法和时间管理，保持健康的生活方式，如良好的睡眠和定期锻炼，都能有效帮助大学生克服学习挫折，提升学业表现和心理健康水平。

2. 人际交往挫折

大学生在人际交往中也常常遭遇挫折，这种挫折可能包括社交困难、友谊关系的矛盾或者人际冲突。例如，一位大学生可能发现自己难以融入新的社交圈子，或者与室友或同学产生了分歧和误解，导致人际关系的紧张和困扰。人际交往挫折不仅影响了大学生的社交体验，还可能对其情感和心理状态造成负面影响。个体可能会感到孤独、失落或者自卑，特别是在适应新的社交环境或者处理人际关系问题时。应对人际交往挫折的关键在于培养良好的沟通技巧和解决问题的能力。通过建立互信和尊重的人际关系、学习有效的冲突管理和妥协技巧以及培养自我意识和社交情商，大学生可以更好地应对人际交往中的挑战，促进健康和积极的人际关系，同时提升自身的心理健康和幸福感。

3. 择业挫折

择业挫折是大学生面临的另一个重要压力源，特别是在毕业后寻找理想工作的过程中。例如，一位毕业生可能经历了多次面试未能成功、找不到与自己专业相关的工作机会，或者面对就业市场的竞争激烈等情况，这些都可能导致择业上的挫折感。择业挫折不仅影响了个体的职业发展，还可能对其自信心和生活质量造成负面影响。个体可能会感到失落、焦虑或者困惑，尤其是在职业规划与现实情况不符或者面对不确定的职业前景时。应对择业挫折的关键在于保持积极的心态和灵活的应对策略。例如，通过扩展自己的求职网络，接受职业指导和建议，提升自身的职业技能和市场竞争力，灵活调整职业目标和期望，都能帮助大学生有效地应对择业挫折，最终找到适合自己的职业发展路径。

（二）大学生产生心理压力和挫折的原因

1. 发展需要与现有素质之间的矛盾

大学生产生心理压力和挫折的原因之一是发展需要与现有素质之间的矛盾。这种矛盾指的是个体在追求自我发展和成长过程中，可能面临的能力、知识或者经验不足的现实挑战。例如，一位学生可能对未来有着宏大的职业抱负，希望在某个领域取得卓越的成就，却面临自身现阶段技能不足或者学术基础不够扎实的困境。这种矛盾通常导致学生感到焦虑、挫败或者失落，因为他们意识到要达到自己的理想状态还有很长的路要走。在竞争激烈的学术和职业环境中，这种差距可能会加剧个体的压力和自我怀疑。解决这种矛盾的关键在于个体的自我认知和目标管理。通过制定可行的发展计划，逐步提升相关技能和知识水平，寻求支持和指导，大学生可以逐步缩小现有素质与发展需求之间的差距，缓解心理压力，实现自我成长和发展。

2. 校园文化、课程设置、教育方式等限制性环境因素

大学生产生心理压力和挫折的另一个原因是校园文化、课程设置以及教育方式等限制性环境因素。校园文化可能存在着特定的社会期待和行为规范，对个体造成压力。例如，某些大学可能重视成绩排名和学术竞争，导致学生之间的竞争氛围紧张，增加了学业上的压力和挫折感。课程设置和教育方式也可能限制学生的发展空间和自主选择，导致个体难以追求自己真正感兴趣的领域或者发挥自身潜力。例如，一些学生可能因为课程安排的固定性而难以拓展自己的兴趣爱好或者专业领域，这可能影响他们的学习动力和满足感。这些限制性环境因素会对大学生的心理健康产生负面影响，增加他们面对挑战时的不适应感和挫折感。因此，学校和教育管理者有责任通过改革和调整课程设置、促进积极的校园文化建设以及灵活应用教育方式，帮助学生充分发展自己的潜力，减少心理压力和挫折的发生。

3. 大学生常见的负性生活事件

大学生常见的负性生活事件包括情感问题、学业压力、人际冲突和经济困难等。例如，一些学生可能经历恋爱关系的破裂或者友谊的失落，导致情感上的困扰和痛苦。学业压力则来自于学术要求的增加、考试成绩的焦虑以及未来就业的

不确定性，这些因素可能影响学生的自信和心理健康。人际冲突是另一个常见的负性生活事件，包括与同学、室友或教师之间的关系紧张或冲突，这种情况可能影响到学生的学习和生活品质。经济困难也是一大压力源，例如财务拮据导致的学习条件不佳或生活质量下降，会影响到学生的心理状态和整体幸福感。这些负性生活事件可能单独或者结合在一起，对大学生的心理健康和生活稳定构成挑战。学校和社会应提供支持和资源，帮助学生有效应对这些困难，促进他们的成长和发展。

（三）挫折反应的种类

1. 生理反应

挫折反应的生理方面表现为身体和生理功能上的变化，通常是由于压力激素的释放和自主神经系统的活动调节引起的。生理反应可以包括心率加快、血压升高、肌肉紧张或颤抖、头痛、失眠等症状。例如，当学生面对重要考试失败或者工作面试不成功时，他们可能会感到紧张和焦虑，这种情绪会导致身体的生理反应，如心跳加快、呼吸急促以及消化系统不适。挫折还可能导致食欲改变，例如食欲减退或过度进食，免疫系统功能下降，容易感染或生病。这些生理反应不仅影响个体的身体健康，还可能加剧心理上的不适感和情绪波动，形成恶性循环。有效应对生理反应的关键在于采取适当的应对策略，如深呼吸、放松技巧、适量的运动或者寻求专业心理辅导等。通过调节身体的生理反应，可以帮助个体缓解压力和焦虑，更有效地面对挫折和困难，保持身心健康。

2. 心理反应

挫折引发的心理反应涉及个体的情绪和认知层面，通常包括情绪失控、自我怀疑、焦虑和抑郁等。例如，当一个大学生因为未达到自己的学术目标而感到沮丧和失望时，可能会出现情绪上的波动，如情绪低落、易怒或者消极情绪持续时间延长。自我怀疑是另一个常见的心理反应，学生可能开始质疑自己的能力和价值，产生"我做不到"的消极信念，这种自我怀疑可能进一步削弱个体的动力和自信心。焦虑和抑郁也是挫折常见的心理反应。面对学业或职业上的失败或不顺利，学生可能会感到紧张不安、担心未来，甚至出现睡眠障碍和食欲改变等身体症状。有效应对心理反应的方法包括情绪管理、积极思维训练、寻求支持和心理辅导等。通过提升心理韧性和应对能力，学生可以更好地应对挫折，保持健康的心理状态并重拾动力，继续朝着个人目标前进。

3. 行为反应

挫折引发的行为反应通常表现为个体在行为和行动上的变化，可能包括逃避、冲动行为或社交退缩等。例如，面对学术或职业挫折，一些学生可能选择逃避问题，比如逃避学习或工作责任，或者通过过度沉溺于社交媒体或游戏中来转移注意力，以减轻情绪上的不适。另一种行为反应是冲动行为，可能表现为暴饮暴食、酗酒或者药物滥用等。这些行为往往是为了暂时逃避负面情绪或获得短暂的愉悦感，但长期来看可能对个体的健康和生活产生负面影响。挫折还可能导致社交退缩，个体可能选择避开社交场合或减少与他人的互动，以避免面对可能引发负面情绪的情况。应对行为反应的有效策略包括建立积极的应对机制和应对策略，例如制定实际的解决方案、寻求社会支持、保持健康的生活方式以及寻求专业心理帮助等。通过积极的行为调整，个体可以更好地应对挫折，促进自身的成长和发展。

三、大学生压力管理与挫折应对

（一）大学生压力管理

1. 构建自己的社会支持系统

大学生面对种种压力时，构建健全的社会支持系统至关重要。这种系统可以包括家人、朋友、同学、导师以及校园心理健康服务等资源。例如，学生可以通过与家人保持紧密联系，分享自己的困扰和成就，获得情感上的支持和理解。与朋友和同学建立良好的关系网络，能够提供情感支持、鼓励和共同解决问题的空间。寻求专业导师或辅导员的帮助也是一种重要的社会支持形式。他们不仅能够提供学业上的指导和建议，还可以在心理上支持学生度过挑战和困境。校园内的心理健康服务中心通常提供心理咨询、工作坊和支持小组等资源，帮助学生学会有效应对压力和挫折。通过建立多样化和坚固的社会支持系统，大学生能够在面对各种挑战时感到更有力量和安全感。这不仅有助于他们有效地管理压力，还能促进个人成长和心理健康的全面发展。

2. 觉知和调整自己的生理状态

觉知和调整自己的生理状态对大学生有效管理压力至关重要。觉知是指意识到自己身体的反应，如心率、呼吸和肌肉紧张度等，从而能够及时采取措施进行调整。例如，当大学生感到紧张或焦虑时，他们可以通过深呼吸、渐进性肌肉放松或冥想来降低生理上的紧张感，从而缓解压力。调整生理状态还包括保持良好的睡眠习惯和饮食规律。大学生常常面临学业压力和社交压力，容易导致睡眠不足或不规律的饮食习惯，进而影响身体健康和心理状态。通过建立规律的生活作息和健康的饮食习惯，可以提升身体的抗压能力和心理的稳定性。定期的运动也是调整生理状态的重要手段，运动不仅有助于释放压力，还能提升身体素质和心理健康水平。通过觉知自己的生理状态并采取积极的调整措施，大学生能够更有效地管理压力，保持身心健康和学业成就的平衡。

3. 减轻和消除自己的心理负累

减轻和消除心理负累对大学生来说是重要的自我管理技能，特别是面对学业压力和人际关系挑战时。建立有效的时间管理技能是减轻心理负累的关键。通过合理规划和安排学习休息时间，避免拖延和时间浪费，可以有效降低学业压力带来的心理负担。学会设定和达成小目标也能有助于减轻心理负累。将大目标分解为可操作的小目标，每完成一个小目标就给自己一些奖励或积极的反馈，有助于提升学习和工作的动力，减少因未完成目标而带来的焦虑和压力感。学会说"不"也是减轻心理负累的重要策略。有时候，学生可能会不自觉地接受过多的学业或社交任务，导致压力增加。学会拒绝一些不必要的任务或活动，保持自己的时间和精力在合理范围内，对于保持心理健康和减轻负累非常关键。通过有效的时间管理、设定小目标和学会拒绝，大学生能够更好地减轻和消除心理负累，保持心理健康和学业生活的平衡发展。

4. 积极的减压方式

积极的减压方式对大学生来说至关重要，可以帮助他们有效应对学业压力和生活挑战，保持身心健康的平衡。其中体育运动是一种极具益处的减压方式。定期参加慢跑、瑜伽或健身课程不仅能释放压力,还有助于增强身体素质和提升心理健康水平。艺术和创意活动也是很好的减压方式。大学生可以尝试绘画、写作、音乐或手工艺等方式表达情感和释放压力。这些活动不仅有助于情绪的调节,还能激发创造力和自我表达能力。社交活动也是减压的重要途径。与朋友聚会、参加社团活动或志愿服务,可以帮助大学生放松心情、建立支持网络,并享受与他人交流的乐趣。保持良好的睡眠习惯和饮食健康同样重要。充足的睡眠和均衡营养有助于恢复身体和调整心理状态,从而增强应对压力的能力。

积极的减压方式不仅有助于缓解学业压力,还能提升整体生活质量和心理健康水平,使大学生能够更好地应对各种挑战和压力。

5. 进行有效的时间管理

有效的时间管理对大学生至关重要,有助于提高学习效率、减少压力,并保持生活的平衡。制定详细的学习计划和日程安排是关键步骤之一。通过设定具体的学习目标和任务,例如每天完成的章节或练习题目,可以帮助学生集中注意力,避免拖延,提升学习成果。利用时间管理工具和技术来支持自己的日常安排。现代科技提供了许多有用的应用程序和软件,如时间规划工具、待办事项清单和日历应用,帮助学生有效地组织和安排时间,确保任务的及时完成和学习的持续进步。学会优先处理任务也是有效时间管理的关键策略之一。将任务分为紧急和重要的优先处理,而非紧急但不重要的任务可以适当推迟或委派给他人,有助于减少时间浪费和精力消耗,提升整体效率。定期回顾和调整自己的时间管理策略同样重要。通过评估和反思自己的时间使用情况,发现并改进不足之处,可以不断提升时间管理的效果和个人生产力。通过制定计划、利用工具、优先处理任务和定期调整策略,大学生可以实现更有效的时间管理,提高学习和生活的质量,有效应对挑战和压力。

(二)大学生应对挫折的策略

1. 修身养性,提高心理素质

大学生面对挫折时,修身养性并提升心理素质是有效的策略。培养积极的心态和良好的情绪调节能力至关重要。当面对挑战或失败时,学会接受并理解自己的情绪反应，通过冥想、深呼吸或写日记等方式，有助于稳定情绪，减少焦虑和沮丧感。建立坚韧的心理素质也是应对挫折的关键。大学生可以通过挑战自己的舒适区、接受失败并从中学习，逐步提升面对困难时的抗压能力。例如，参与竞赛或项目时，未能取得预期成绩时，反思经验并找出改进方法，能帮助他们更好地适应挫折和成长。寻求社会支持也是应对挫折的重要途径。与朋友、家人或导师分享自己的困扰和挑战，倾听他们的建议和鼓励，有助于减轻心理负担，获取新的思路和解决方案。通过修身养性、提升心理素质、建立坚韧心态和寻求社会支持，大学生能够更有效地应对各种挫折，不断成长并在学业和生活中取得更好的表现。

2. 平心静气，改善社会关系

平心静气是改善社会关系的重要策略，尤其对大学生在面对人际冲突或困难时尤为关键。保持冷静有助于避免情绪化的反应，促进理性沟通和解决问题。例如，当遇到与室友之间的分歧或与同学之间的误解时，保持冷静有助于更清晰地表达自己的想法，有效缓解局势并寻求共识。学会倾听并尊重他人的观点和感受也是平心静气的重要方面。通过倾听对方的意见，表达理解和尊重，能够建立起良好的沟通基础和信任关系。例如，在团队项目中，如果出现意见不合，通过耐心倾听和尊重他人的意见，可以更好地协调合作，达成共同目标。发展解决问题的能力是平心静气的关键组成部分。大学生可以通过学习冲突解决技巧和沟通技巧，积极寻求妥协、提出解决方案或寻求中立的调解帮助，来改善社会关系并维护和谐的人际环境。维持积极的心态和乐观的态度对平心静气也是至关重要的。面对社会关系中的挑战和困难时，保持乐观和积极的心态能够帮助大学生更加从容地处理问题，并在人际交往中展现出成熟和自信。通过平心静气、倾听尊重、解决问题和保持乐观的态度，大学生能够有效改善社会关系，建立积极的人际网络，并在学术和个人发展中取得更好的成就。

3. 积极奋斗，改变客观条件

积极奋斗是大学生改变客观条件的重要策略，尤其在面对挑战和追求个人目标时显得尤为关键。积极奋斗意味着不畏艰难，勇于迎接挑战。例如，面对学术上的困难或职业发展中的竞争压力，大学生可以通过增强学习力、参加实习或项目，积极学习和积累经验，以期获得更好的成长和发展。积极奋斗包含着不懈努力和持续进步的精神。通过设定明确的目标并制定可行的计划，大学生可以逐步实现自己的梦想和愿景。例如，一个学生希望成为科学家，他可以通过坚持研究、参与科研项目和发表论文来不断提升自己的学术水平和影响力。积极奋斗还包括寻求机会和积极应对变化。大学生可以通过扩展人脉、参加社团或组织活动，拓展自己的人际网络和社会资源，为将来的发展和成就创造更多机会。例如，一个学生通过参与志愿者活动，不仅丰富了自己的社会经验，还拓展了与不同领域人士的联系，为未来的职业生涯奠定了坚实基础。积极奋斗是一种对自己和社会负责任的态度。大学生通过努力学习、积极参与社会活动和关注社会问题，可以成为社会进步和发展的推动者。例如，一个学生通过创业项目解决社会问题，不仅提升了自己的影响力，也为改善社会环境做出了积极贡献。通过积极奋斗、勇于挑战、持续进步和社会责任感，大学生可以在学业和生活中改变客观条件，实现个人价值和社会意义的双重成就。

第三章
学生自我意识培养与人格塑造健康教育

第一节　学生自我意识的培养

一、自我意识概述

古人云："人贵有自知之明。"全面、客观地认识自己非常重要。对大学生而言，认识自己有什么重要意义呢？大学生只有科学地认识自我，才能建立个人的理想抱负，获得积极的自我体验，并通过有效的自我监控，完善自我，与周围的人与环境保持和谐的关系。

（一）自我意识的概念

自我意识是指个体对自己的认知和理解，是心理学和教育学中重要的概念之一。它涵盖了个体对自身特征、情感、欲望和价值观的认知和反思，是个人形成和发展的基础。自我意识使个体能够意识到自己在社会和环境中的角色和位置，有助于建立自信、自律和自我调节的能力。在心理学上，自我意识包括自我概念（对自己的认知）、自尊（对自己价值的评估）、自我效能感（对自己能力的信心）等方面。例如，一个大学生在面对挑战时，通过对自我意识的反思和认知，能够更好地理解自己的优势和劣势，从而制定更有效的学习和职业发展策略。在教育上，培养学生的自我意识有助于他们建立积极的人生态度和健康的心理状态。例如，通过课堂讨论、反思练习和心理辅导，学生可以增强对自己能力和潜力的认知，提升解决问题和应对挑战的能力。这种自我意识的培养不仅有助于学术成就的提升，还有助于个人成长和社会适应能力的发展。

自我意识作为心理健康和教育发展的重要组成部分,对于学生的全面发展和成就至关重要。通过认知和培养自我意识,学生可以更好地理解自己,发挥潜力,并在面对复杂的社会环境和个人挑战时保持心理健康和稳定。

(二) 自我意识的类型

自我意识的类型多种多样,每种类型反映了个体在不同情境下对自身的认知和反思。自我意识可以分为反省性自我意识和互动性自我意识两种主要类型。反省性自我意识强调个体对自己内在状态和感受的深思熟虑,包括对自己情绪、动机和行为的自我分析和反思。例如,一个大学生在准备考试时,会反省自己的学习方法和效率,找出改进的策略,以提升学习成绩,应对学业压力。互动性自我意识则更加关注个体在社会互动中的表现和角色认知,强调个体如何在他人眼中被看待以及如何与他人相处。例如,一个社团领导在组织活动时,会关注自己的领导风格和团队成员的反馈,以便调整自己的管理方式和促进团队合作。除了这两种主要类型外,自我意识还可以表现为情境性自我意识,即个体在特定情境下对自己的认知和行为调整。例如,一个学生在参加面试时,会特别关注自己的形象和言行举止,以展现出最佳的自我形象和专业素质。

这些不同类型的自我意识相互交织并影响个体的行为和心理状态,帮助他们更好地适应不同的社会和个人情境,拓展自我发展的深度和广度。因此,了解和培养不同类型的自我意识,对于学生的自我成长和综合素质的提升具有重要意义。

(三) 大学生自我意识发展的特点

1. 自我评价能力在增强,但仍具片面性

自我评价是个体对自我所做的判断,是自我意识的核心部分。经观察发现,大学生自我评价与老师、家长和同学对其评价之间呈显著相关,并且自我评价能力有随着年龄的上升而增强的趋势。这表明,大学生随着年龄的增长以及知识和经验的积累,自我评价能力在增强,日趋成熟。

但是,大学生要能客观有效地评价自我并非易事,其自我评价仍具有片面性:一是高估自己,二是低估自己。经观察,大多数大学生喜欢高估自己。这主要是因为他们自尊心和优越感强，富于自我想象，以对自己目前和未来状况的美好想象代替现实；在与别人比较时，倾向于以己之长比他人之短，从而自信心过强。部分大学生则低估自己，主要是因为：自我期望偏高，以致难以实现，导致对现实自我的不满；无法正确看待社会竞争激烈的事实，导致对自我现状和未来的焦虑；社会适应能力不强，而自尊心过强，极易受到挫折，导致自信心下降。

2. 大学生的自我同一性发展状况各异

大学生的自我意识发展具有多样化和个体化的特点，尤其在自我同一性的形成上表现出明显的差异。自我同一性指个体对自己身份、角色和价值观的稳定和连贯感知，对大学生而言，这一过程涉及到他们在学术、职业、人际关系等方面的认知和理解。在大学阶段，一些学生可能迅速适应新环境，清晰地了解自己的兴趣、能力和价值观，形成相对稳定的自我同一性。例如，某些学生可能在大一时就明确了自己的专业选择和职业目标，通过积极参与学术研究、实习经历或社团活动，逐步巩固和完善自己的职业发展规划。而另一些大学生可能面临自我同一性发展过程中的挑战和迷茫。他们可能对未来的职业方向或个人身份感到不确定，需要更多的探索和经验积累来确立自己的身份认同。例如，一些学生可能在大学期间经历多次专业转换或是参与多个领域的实习，以寻找最符合自己兴趣和能力的方向。这种自我同一性发展状况的差异，反映了每个大学生在成长过程中个性化和多样化的发展轨迹。教育机构和心理辅导员可以通过提供个性化的职业规划咨询、心理辅导服务和实习机会，帮助学生更好地理解自己、发展自我同一性，并积极应对成长中的挑战。因此，了解大学生自我同一性发展状况的差异性，有助于为他们提供更精准和有效的支持指导，促进他们在大学生活中的全面发展和成长。

3. 大学生自我意识发展的矛盾性

大学生自我意识发展中存在着一定的矛盾性，这反映了他们在成长过程中面对的复杂心理和社会压力。一方面，大学生在追求自我认知和身份确认的过程中，常常面临自我形象与外界期望之间的矛盾。例如，一个学生可能希望追求自己真正感兴趣的学科，但家庭或社会的期望可能倾向于传统的稳定职业，导致学生在自我认同和外界期望之间感到困惑和挣扎。另一方面，大学生的自我意识发展还可能受到内在动机与外部奖惩机制的影响。在学术和职业选择上，个体内在的兴趣和价值观与外部社会对成功定义的奖励机制可能存在冲突。例如，一个学生可能因为对艺术或社会公益事业有浓厚的兴趣，但由于社会上对高薪金融或科技行业的高度推崇，而感到内外在动机的冲突和压力。大学生在自我意识发展过程中还可能面临个人理想与现实社会条件之间的矛盾。尽管个人有着明确的理想和抱负，但现实社会的竞争、限制和挑战往往使理想与实际之间存在一定的距离。例如，一个学生梦想着成为国际发展领域的专家，但面对国际竞争和资源限制时，可能需要调整自己的发展路径或策略，以更符合实际情况。

这些矛盾反映了大学生自我意识发展过程中的复杂性和挑战性。教育和心理学领域的专家可以通过提供个性化的咨询服务、心理支持和职业发展指导，帮助学生理解和应对这些矛盾，促进他们在成长过程中的健康发展和自我实现。通过这些支持和指导，大学生可以更好地理解自己的内心需求和外部社会的期望，找到适合自己的发展路径，并在自我意识的基础上建立起积极的人生态度和成就感。

4. *自我塑造愿望强烈，主动性、自律性有所提高*

对许多大学生来说，他们一旦认可了某种自我形象，就会产生强烈的自我塑造的愿望，并能够主动约束自己的行为。而且他们一般还会对自己身上的不足之处非常敏感，有非改之而后快的决心，并可能切实在行动上有所体现。这些与大学生追求自我完善甚至完美有关，是他们力图实现理想我、控制现实我的表现。例如，许多大学生在进入大学之初可能面临着从家庭和高中生活到大学学术和社会环境的巨大转变。在这个新环境中，他们可能会面对课业负担的增加、自由时间管理的挑战以及社会关系的重新建立。面对这些挑战，一些学生会主动寻求学习技能、时间管理和人际交往方面的提升，以更好地适应大学生活。许多大学生在大学生活的初期可能对未来的职业发展方向有着强烈的自我塑造愿望。例如，他们可能通过参加学术研究项目、实习经历或社团领导职位，积极探索自己的兴趣和能力，从而逐步确认自己的职业目标并努力实现。在这个过程中，大学生的主动性和自律性得到显著提升。他们可能会制定个人学习计划、参与志愿服务活动或是积极参加社团组织，以提升自己的领导能力和团队合作精神。这种自我驱动力和自我管理能力不仅有助于他们在学业上取得成功，也为未来的职业生涯奠

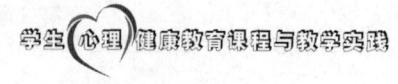

定了坚实的基础。

大学生阶段的自我塑造愿望、主动性和自律性的提升，不仅反映了他们对个人成长的追求和自我实现的渴望，也是他们适应和融入大学环境，积极面对未来挑战的重要表现。通过持续的努力和适应，大学生可以在这个关键阶段建立起坚定的自我认知和积极的行动力，为未来的人生发展奠定坚实的基础。

（四）自我意识的作用

1. 影响个体对事物的看法

自我意识在影响个体对事物看法方面起着重要作用，它塑造了个体对自身、他人和世界的认知框架，深刻影响着个体的态度、价值观以及行为表现。个体的自我意识会直接影响他们对自身的看法和评价。例如，一个自我肯定且自尊心强的个体往往会对自己的能力和外貌有着积极的看法，倾向于接受和相信自己的潜力和价值。相反，一个自我怀疑或自尊心薄弱的个体可能会对自己过于严苛，对自身能力和外貌存在负面评价。这种自我意识的差异不仅影响个体的情绪状态，还可能对他们的行为和决策产生深远影响。个体的自我意识也会影响他们对他人的看法和态度。一个有着积极自我认同的人可能更倾向于对周围的人持开放和支持性的态度，他们不会因为他人的成功或优势而感到威胁。相反，一个自我认同不强的个体可能会更容易对他人的行为和观点产生偏见或嫉妒，因为他们的自我感受容易受到外界影响而波动。个体的自我意识也会影响他们对世界的整体看法和态度。一个自我成熟和自信的个体可能更倾向于以积极和乐观的态度看待挑战和变化，相信自己能够应对并改变现实。相反，一个自我不安或自我否定的个体可能更倾向于对外界持消极和悲观的态度，对未来和社会进程感到不安或失望。因此，个体的自我意识不仅是个人心理和情感状态的核心，也是塑造个体对事物看法和态度的重要因素。理解和管理自己的自我意识，有助于个体更好地应对挑战、改善人际关系，并在面对复杂的社会环境时保持积极的心态和行为表现。

2. 影响个体的期望水平

个体的自我意识在很大程度上影响其期望水平，即个体对自己未来可能达到的成就和成功的预期。自我意识强的个体往往有更高的期望水平，他们相信自己有能力实现目标，并愿意为此付出努力。举例来说，一个大学生如果有着强烈的自我认同感和自信心，他可能会对自己未来的职业发展和学术成就有着积极的期望。这种积极的自我期望可能会促使他努力学习，参与学术研究或实习活动，并在未来寻求更高级别的职业和学术挑战。相反，一个自我认同感较弱或自我怀疑的个体可能会对未来持消极或保守的期望态度。他们可能会对自己的能力和潜力缺乏信心，因此可能不会积极追求更高的学术或职业目标。这种低期望水平可能导致他们在面对挑战或竞争时缺乏动力和决心。个体的自我意识还可以通过自我反思和社会比较影响其期望水平。例如，一个大学生可能会根据自己的学术表现或社会经验来调整对未来的期望。如果他们感觉自己在某个领域表现优秀，可能会提高自己的期望水平，认为自己可以在该领域取得更大的成就。反之，如果他们感受到自己的竞争力不足，可能会降低对未来成功的期望。因此，了解和管理个体的自我意识对于促进其积极的期望水平至关重要。提升个体的自我认同感和自信心，可以帮助他们设定更高的目标，并更有动力地追求自己的梦想和抱负。

3. 对个体进行自我控制

自我控制是个体在面对冲突、诱惑或压力时，通过意志力和自我调节能力来管理自己的思维、情感和行为的过程。这种能力对个体的成就、健康和人际关系都有重要的影响。例如，大学生面临着许多新的自由选择和责任，需要在学术、社交和个人生活中进行自我控制。一个具备良好自我控制能力的学生可能能够有效管理自己的学习时间表，合理安排任务优先级，并避免诱惑和分散注意力的因素，从而提高学术成就和生活质量。自我控制还在面对情绪和社会压力时发挥重要作用。一个能够控制情绪反应和处理挫折的个体，往往能更好地应对生活中的挑战，并在压力下保持冷静和理智。例如，面对考试挑战或人际冲突，一个具有良好自我控制力的大学生可能会选择合适的应对策略，避免情绪化行为或后悔的决定。自我控制对个体的长期发展和健康行为也具有重要意义。例如，一个能够控制自己饮食习惯、运动频率和消费行为的个体，可能能够维持健康的生活方式，减少健康风险并提高生活质量。

自我控制是个体在实现个人目标、维持健康和应对生活挑战时不可或缺的能力。通过培养和加强自我控制能力，个体可以更有效地管理自己的行为和情绪，提升生活质量并实现个人成就。

4. 对个体进行自我内省

自我内省是个体深入反思和审视自己的思想、情感和行为的过程，通过这种过程，个体可以更好地理解自己的动机、信念和价值观，从而推动个人成长和自我改善。大学生在经历新的学术和社交环境时，常常通过自我内省来调整和完善自己的学习和行为方式。例如，一个大学生可能会在考试失败后进行深刻的自我反省，分析导致失败的原因是学习方法不当还是时间管理有误。通过这种内省，他可以找到改进的方法，如调整学习策略或制定更有效的时间管理计划，从而提高学业表现。自我内省还有助于个体更好地理解和管理自己的情绪和人际关系。例如，一个个体可能会在与朋友或家人的冲突后进行内省，探讨自己的情绪反应和沟通方式是否合适。通过意识到自己可能的情绪盲点或沟通障碍，他可以学习采取更成熟和有效的沟通方式，从而改善人际关系和情感健康。自我内省对于个体的成长和自我认知具有深远的影响。通过反思过去的决策和行为，个体可以更清晰地认识自己的价值观和长远目标，从而制定更具意义和符合个人价值的生活方向。

自我内省是个体发展和成长过程中不可或缺的一部分。通过深入思考和审视自己的思想、情感和行为，个体可以更有效地应对挑战，提升个人能力，并达到更高的水平。

二、培养自我意识

（一）健全的自我意识对大学生的影响

大学阶段是大学生自我意识逐步走向成熟的时期。自我意识健康与否，直接关系到大学生良好个性心理品质的形成，关系到大学生的社会适应和人生价值的实现。

1. 健康的自我意识是大学生做好人生规划的前提

科学的人生规划首先取决于对"现实我"的准确把握。大学生选择职业方向、规划人生道路都必须从自身的实际出发，要对自己的需求动机、能力倾向、气质性格、兴趣爱好有全面客观的认识，才能减少选择的盲目性，在成长的道路上少走弯路。科学人生规划取决于对"理想自我"的合理定位。"理想自我"是自我意识在个体成长目标方面的一种形象表达，是个体发展自我、完善自我的动力。例如，一个大学生可能通过深入的自我反省和认知，意识到自己对社会公益和环境保护有浓厚的兴趣，因而决定将来从事相关领域的工作，如非营利组织或环保机构。

2. 健康的自我意识是大学生成为健康、全面、有创造性的人才保障

健康的自我意识对大学生来说是成为健康、全面、有创造性的人才的重要保障。健康的自我意识使大学生能够更清晰地认知和了解自己的价值观、兴趣和能力。通过这种认知，他们可以更好地选择适合自己发展的学习方向和职业路径，从而在未来的工作和生活中展现出更高效和有成效的表现。一个大学生通过健康的自我意识认识到自己对科学研究充满热情，并且具备良好的逻辑分析能力。这种意识使他能够积极参与学术研究，探索新的科学领域，并在学术界或科研机构中发挥出色的创造力和影响力。健康的自我意识有助于大学生建立自信和自尊。这种自信不仅来自于对自己能力和价值的认知，还源于对自身潜力的充分信任。因此他们在面对挑战和竞争时能够保持冷静和乐观，更具备解决问题和创新的能力。健康的自我意识促使大学生在人际交往中更加成熟和包容。通过理解自己的情感和行为模式，他们能够更好地理解和尊重他人，建立起积极和谐的人际关系。这种能力对于未来的职业发展和社会交往至关重要，能够有效地推动团队合作和创新性思维的发展。

3. 健康的自我意识直接关系到大学生良好个性心理品质的形成

健康的自我意识对大学生的个性心理品质形成有着直接而深远的影响。健康的自我意识帮助大学生建立起积极的自我形象和身份认同。通过深入了解自己的兴趣、价值观和能力，他们能够更加自信地面对挑战和困难，从而在压力下保持冷静和自信。例如，一个大学生通过健康的自我意识认识到自己善于领导和组织，这种自信使他能够在学术项目中扮演重要角色，并在团队合作中发挥领导作用，从而提升自己的个性品质和人际交往能力。健康的自我意识有助于大学生培养积极的情感状态和心理素质。通过了解自己的情感反应和行为模式，他们能够更好地控制情绪，避免情绪化的行为，并在面对压力时保持稳定和乐观。例如，

一个大学生在考试前通过深入的自我反省和情感管理，能够更好地控制紧张和焦虑，从而保持良好的学习状态和表现。健康的自我意识促使大学生在人际关系中更加成熟和包容。通过理解自己的情感和行为特点，他们能够更好地理解和尊重他人，建立起积极和谐的人际关系。这种能力对于大学生的个性心理品质形成至关重要，能够帮助他们更好地融入团队和社会，展现出成熟形象和领导力。

（二）培养健全的自我意识

1. 健全自我意识的标准

健全的自我意识是一个人能够清晰地认知和理解自己的内在特点、情感状态和行为动机的能力。这种意识不仅涉及到对自身优点和缺点的客观认知，还包括对自己价值观、兴趣爱好以及个人目标的深入了解。健全的自我意识表现为对自己内在特质的客观理解和接受。这意味着一个个体能够清楚地认知自己的性格特点、情绪反应模式以及行为倾向，不轻易受外界影响而失去自我。例如，一个具有健全自我意识的大学生可能意识到自己有时会过于追求完美，导致在压力下过度紧张，因此他会学习如何更好地管理自己的情绪和压力反应。健全的自我意识包括对自己价值观和信念的清晰认知，使个体能够明确自己在面对道德和伦理选择时的取舍原则，不轻易受外部压力影响而偏离自己的核心价值观。例如，一个大学生通过反思和内省，深知自己重视诚实和正直，因此在遇到诚信考验时能够坚守初衷，不被外界的诱惑所左右。健全的自我意识还体现在个人目标和职业发展规划的清晰性上，使得个体能够明确自己的长远发展方向和目标，从而制定合理的学习和职业规划。例如，一个大学生通过对自己兴趣和能力的深入探索和理解，意识到自己对艺术创作充满激情，因此他决定未来从事与艺术相关的职业，如设计师或艺术教育工作者。

健全的自我意识不仅有助于个体更好地认知和理解自己的内在特点和价值观，还能帮助他们在面对各种生活和职业选择时更加果断和自信，从而实现更加有意义和充实的个人成长和发展。

2. 客观、全面地认识自我

认识自我是人类永恒的话题。客观、全面地认识自我是自我意识的认知部分，是自我体验和自我调节的基础，也是培养健全的自我意识的基础。现在大学生中存在着自视过高和自视过低两种相反的自我认知偏差。有的学生认为自己是最优秀的，谁都不如我，当在竞争中遇到挫折和失败时，就会抱怨社会不公。有的学生认为自己处处不如人，在生活中难免事事退缩。这都是"主体自我"与"客体自我"矛盾对立的表现。例如，一个大学生可能意识到自己在团队合作中虽然善于领导，但在倾听他人意见方面还有待加强。通过这种客观的认知，他可以有针对性地改进自己的沟通和合作方式，从而提升团队效率和自身领导能力。

全面地认识自我包括对自身情感和心理状态的深入理解。这不仅涉及到积极情绪的认知，还包括对负面情绪如焦虑或压力的识别和处理。例如，一个大学生通过深入反思和观察，意识到自己在学习期末时会出现严重的焦虑感，这种全面的自我认识使他能够采取有效的应对策略，如学习压力管理技巧或寻求心理辅导，以提升自己的心理韧性和应对能力。

大学生一般喜欢和中学时代的自己比。有不少大学生作了这种比较后认为，他们现在虽然在知识上更丰富、眼界上更开阔，但是，在理想信念上则更模糊、心态上更焦虑不安。这主要是因为，这些大学生在中学时对大学生活充满过高的期待，进入大学后不能较快地调整好心理落差；对多元化的社会和社会竞争缺乏正确的了解、不知如何应对。因此，教师要引导大学生通过与自己的过去做比较，既充分肯定自己的成绩和进步，从而树立自信心，又发现自己的不足和退步，然后分析其原因，找出适当的解决方法。

客观、全面地认识自我还包括对自己潜力和成长空间的正确认知，使个体能够在追求个人发展和职业目标时更加明确和自信。例如，一个大学生意识到自己在某门课程上的学习成绩不理想，但通过客观分析自己的学习方法和知识掌握程度，他能够制定有效的学习计划和补救策略，最终取得进步并实现学业上的成功。每个人都是对立统一的矛盾体，辩证思维是对事物进行一分为二的认识，可以避免认识的极端和片面，它是思维的重要品质之一。这就要求大学生善于从不同角度、不同方位全面认识自我，既要认识自己的优点，又要清楚自己的不足；要结合不同情境来评价自己的表现；要把自我发展看作是一个动态的、渐进的过程，避免自我评价中的片面倾向和急躁心理。

大学生已经具有较高的辩证思维能力，但是由于缺乏社会生活经验，以及还不善于用它来认识自己，所以自我认识水平还不是很高。经观察发现，有不少大学生无论是通过与他人比较，还是通过与自己比较、自我反省等途径获取认识自我的信息时，都习惯于用以偏概全的思维方式，结果自我评价和客观评价之间相差甚远。辩证地认识自我要求我们既认识自己的长处，也认识自己的短处；既认识自己的现在（现在的我指现实我），也认识自己的过去和将来（将来的我主要指理想我）；既认识自己的某一方面，也认识自己的全部方面。

3. 积极、快乐地接受自我

学生在升入大学之后，面对更加丰富多彩的大学生活和未来激烈的就业竞争，开始在心目中刻画自己的完美形象，如"我"应该是能言善辩的、多才多艺的、交友广泛的……但如果"理想我"与"现实我"差距过大，且大学生不知从何入手来弥补这些差距时，就容易在心理上排斥"现实自我"，产生自卑、自怜、自责等消极情绪。

学会悦纳自我，要求大学生做到合理定位"理想自我"，确立符合实际的奋斗目标。自卑感往往来自失败受挫的经历，而失败受挫又往往来自未能实现的奋斗目标。因此大学生制定自己的奋斗目标时，既应当高于自己的现实水平，又应当是经过努力可以达到的；既要满足个人的愿望，又要反映社会实际；既要有对未来状态的清晰描述，又要有付诸行动的具体方案；要善于将长远目标、大目标分解成近期目标和小目标，通过自己脚踏实地的行动来实现"理想自我"与"现实自我"的统一。

在自我激励中获得自尊、自信的情感体验。激励是对行为的一种正强化，可分为外部的他人激励和内部的自我激励。获奖、评优、他人赞赏等外部激励虽然能对学生发展起到极大的促进作用，但它们毕竟不是经常的、普遍的、可控的，远远满足不了大学生在成长过程中获得自我价值肯定的需要，而自我激励恰恰可以弥补这种不足。一个自信、自尊的人往往是善于自我激励的人，使用积极暗示、成功想象、自我奖赏等自我激励的方法，可以使自己经常体验到成就感、满足感、愉悦感，对于培养自信、乐观的心理品质十分有益，也有助于大学生保持对学习和生活的持久热情，充分发挥自己的心理潜能。

4. 勇敢、勤劳地塑造自我

勇敢、勤劳地塑造自我是大学生在成长过程中的重要任务。这种态度不仅要求个体敢于面对挑战和困难，还要求他们通过不懈的努力和学习，积极地改进和提升自己的各个方面。

勇敢地塑造自我意味着个体要敢于挑战自己的舒适区，追求个人的成长和进步。例如，一个大学生可能意识到自己在公共演讲中的表现不够自信和流畅，但他勇敢地决定参加学校的演讲比赛，通过不断练习和反馈，最终成功克服了对演讲的恐惧，提升了自己的演讲技能和自信心。勤劳地塑造自我要求个体在日常学习和工作中保持持久的努力和专注。这种态度能够帮助个体积累知识、提升技能，并逐步实现个人目标。例如，一个大学生可能梦想成为一名优秀的软件工程师，他通过勤奋学习编程知识和参与项目实践，不断提升自己的编程能力和解决问题的能力，最终实现了他的职业目标。勇敢、勤劳地塑造自我还包括对挫折和失败的积极应对和反思。个体在成长过程中难免会面临挑战和失败，但是通过勇敢面对并从中吸取教训，可以更快地成长和进步。例如，一个大学生在一次团队项目中遇到失败，但他不气馁，反而勇敢地分析失败的原因并寻找改进的方法，最终在下一次的项目中取得了成功，这种勤劳和勇敢为自我塑造带来了显著的成果。

大学生在自我调节的过程中，要注意以下几个方面：

①善于在自我反思的基础上调节自我。曾子曰："吾日三省吾身。为人谋不忠乎？与朋友交而不信乎？传不习乎？""三省吾身"正是儒家文化在内修、自省中将个人思想、行为与社会价值体系相比较的过程，它有利于个体将社会的道德规范内化为自身的价值标准。通过对过去言行的反思建立起自我监督的内部机制，自觉地调节、控制自己在未来相似情境下的表现，使之朝着有利于个体自我与社会自我统一的方向发展。

②正确对待挫折和失败。勇于承认失败。沉浸于"如果……就不会这样（失败）了"的假设之中，对失败耿耿于怀，正是内心深处不肯承认、接受失败事实的表现。认可他人的成功、承认自己的失败，需要更加广阔的心胸，这是一个人摆脱失败阴影、战胜挫折的前提。学会正确归因，当一个人遭遇挫折时，出于保护自我价值的需要，总是倾向于将原因归结于外部的环境，但这种归因倾向也不利于人们积极地进行自我调节，可能还会滋生对他人和社会的怨恨情绪。当大学生在恋爱、学业、社会竞争中遭受挫折时，要学会全面、客观地从自身和外

部环境两方面归因,积极地通过自身努力改变不利因素,为下一次成功积蓄力量。善于调整努力方向,实现目标固然需要坚强的意志品质,但也需要克服"一条道走到黑"的偏执与愚钝。"通往罗马的路不止一条",当事实证明自己的目标定位或途径选择有误时,大学生要善于及时地作出调整,敢于否定自我,才能超越自我,才会有成长和进步。

第二节　学生健全人格的塑造

一、体察大学生人格

(一) 人格认知

1. 人格的基本特性

人格是个体稳定的、长期形成的心理特征总和,直接影响其思维方式、情感反应及行为表现。人格的基本特性涵盖了多个方面,包括但不限于性格特征、价值观念以及行为习惯。

性格特征是人格的核心组成部分之一。每个人的性格具有独特性和稳定性,这种独特性体现在个体对外界刺激的反应模式和情绪表达方式上。有些大学生可能性格开朗外向,喜欢与人交往,而另一些则可能更加内向和独立。这些性格特征不仅影响了他们的社交方式,还会在学习和工作中展现出不同的风格和态度。人格的基本特性还包括个体的价值观念和信仰体系,这些价值观决定了个体对道德、社会和个人目标的看法和选择。例如,某些大学生可能将诚信和责任感视为重要的价值观,并在学术和人际关系中努力践行,而另一些可能更注重个人成就和社会地位。这些价值观在形成人格特质和塑造行为习惯中发挥了重要作用。人格的基本特性还包括个体的行为习惯和生活方式,这些习惯和方式形成了个体的日常生活模式和社会互动方式,反映了其内在的心理和情感状态。例如,一个大学生可能养成了每天早起锻炼的习惯,这种习惯不仅有助于维持身体健康,还表现出其对健康生活方式的重视和自我管理能力。

人格的基本特性涵盖了个体的性格特征、价值观念以及行为习惯等多个方面。这些特性不仅是个体行为和情感的基础，也在很大程度上影响了其在学习、工作和社会生活中的表现和发展。因此，理解和体察大学生的人格特性，有助于为其个性发展和心理健康提供有效的指导和支持。

2. 人格结构

人格结构是指个体内部各种心理特质和过程的组织和互动方式，这些特质和过程共同影响了个体的行为、情感和认知。人格结构通常被分为几个主要部分，每部分都在不同程度上塑造和影响着个体的整体心理状态和行为表现。

人格结构的核心部分是性格特征。性格特征是相对稳定的个体心理特征，主要包括五大特质模型（开放性、尽责性、外向性、宜人性和情绪稳定性）以及其他补充性格特征。例如，一个大学生可能具有高度的外向性，喜欢与人交流和社交，这种性格特征会在他的课堂表现、团队合作和社交互动中表现出来，影响其学术和社会生活。人格结构包括个体的价值观念和信仰系统。价值观念指个体对重要事物的评价标准和偏好，它们在很大程度上影响个体的行为决策和社会交往。例如，某些大学生可能重视友情和家庭关系，因此他们在做出决策时会优先考虑这些价值观的影响和后果。这种价值观念和信仰系统与个体的人格结构密切相关，共同塑造了其行为和社会角色。人格结构还包括个体的自我认知和自我概念。自我认知指个体对自己的理解和感知，包括对自己优点和缺点的认知以及对自身角色和身份的认同。例如，一个大学生可能自我认知较高，清楚地了解自己在学术、社交和情感层面的特点和表现，这种自我认知有助于他更好地应对挑战和发展自身能力。

人格结构是个体心理特质和过程的整合体，包括性格特征、价值观念和自我认知等多个方面。这些元素共同作用，不仅形成了个体的内在心理基础，还在日常生活和社会交往中表现出多样化的影响和效果。因此，理解和分析人格结构对于个体心理健康和成长至关重要，有助于为其提供有效的心理支持和发展指导。

（二）大学生的人格特征

1. 健全人格的基本特征

大学生健全人格的基本特征是他们心理健康和社会适应的重要保障，具体表现在多个方面，深刻影响着他们的学术成就和人际关系。

包容性是健全人格的重要特征之一。大学生应该能够包容不同的观点和文化背景，理解和尊重他人的多样性。一个具有包容性的大学生在团队项目中能够有效地与来自不同文化背景或学术专业的同学合作，从而促进团队的协作和成就。坚韧性是构建健全人格的关键特质。大学生面临诸多挑战和压力，他们需要能够适应变化、克服困难，并保持积极的心态。面对学术上的挑战或者个人生活中的困难，一个具有坚韧性的大学生会积极寻找解决方案，不轻易放弃，并从挫折中汲取经验和教训，持续前行。诚信和责任感也是健全人格不可或缺的特征。诚信意味着大学生应该诚实守信，在学术和社交活动中坚持道德和原则。责任感则涵盖了对自己的学业和行为负责任的态度，包括对待学习任务的认真态度和对团队工作的尽职尽责。一个具有诚信和责任感的大学生不会抄袭他人的作业，而是通过努力和自己的能力完成每项任务，并对自己的行为负责。积极心态和自我管理能力是健全人格的重要表现。大学生应该能够以积极的心态面对生活中的各种挑战和机遇，并具备有效的自我管理能力，包括时间管理、情绪调节和目标设定等。一个具有积极心态和良好自我管理能力的大学生能够高效地规划学习时间、应对考试压力，并且在学业和社会活动中取得平衡和成功。

大学生健全人格的基本特征包括包容性、坚韧性、诚信与责任感以及积极心态和自我管理能力。这些特征不仅是个体心理健康和社会适应的保障，还为其在学术、职业和生活中的成就提供了坚实的基础。

2. 大学生健全人格的标准

大学生健全人格的标准涵盖了多个方面，从个体的心理健康到社会责任的履行，这些标准不仅影响着个体自身的成长发展，也对整个社会的和谐稳定产生深远影响。

情绪稳定和心理健康是评判大学生健全人格的重要标准之一。一个健康的心理状态能够帮助大学生有效地应对挑战和压力，维持良好的学习和生活状态。一个情绪稳定的大学生在面对学业压力时能够保持冷静，不会因为困难而过度焦虑或沮丧，能够理性思考并寻求解决问题的方法。道德品质和社会责任感也是评价大学生健全人格的重要指标。道德品质包括诚实、正直、守信等方面，而社会责任感则涵盖了个体对社会、家庭和集体利益的尊重和贡献。一个具备良好道德品质和社会责任感的大学生会积极参与志愿活动，关心社会公益事务，并尽力为社会贡献自己的力量，从而展现出其健全人格的一面。学术追求和自我完善也是评判大学生健全人格的重要标准之一。大学生应该对知识有持续的渴求和探索精神，努力追求个人的学术和职业目标。一个有学术追求的大学生会不断扩展自己的知识领域，参与科研项目或者学术竞赛，不断提升自己的学术能力和专业素养，为未来的职业发展做好充分准备。良好的人际关系能力和团队合作精神也是评价大学生健全人格的重要标准之一。大学生应该能够有效地与他人沟通交流，理解和尊重他人的观点，同时具备良好的团队合作精神，能够在团体中发挥自己的优势，共同完成团队目标。一个具备良好人际关系能力和团队合作精神的大学生能够在团队项目中协调各方利益，推动项目的顺利进行，并从中获得共同的成就感。

大学生健全人格的标准包括情绪稳定和心理健康、道德品质和社会责任感、学术追求和自我完善以及良好的人际关系能力和团队合作精神等多个方面。这些标准不仅帮助评估个体的成长和发展，也对其在学术、职业和社会中的成功和影响力起到了关键作用。

二、完善大学生人格

（一）人格的影响因素

1. 生物遗传因素

人格的形成受多种因素的影响，其中生物遗传因素是重要的一项。生物遗传因素指个体在遗传层面上所具备的基因组合和遗传信息，这些因素在一定程度上决定了个体的心理特征和行为倾向。

基因对人格特征的影响可以通过多种方式体现。研究表明，某些特定基因或基因组合与个体的性格特质存在一定的相关性。一些研究发现，与情绪调节相关的基因变异可能影响个体的情绪稳定性，使其更倾向于对压力或情感刺激做出特定的反应。这种基因层面的差异性可能导致不同个体在面对同一情境时，表现出不同的情感反应和应对方式。生物遗传因素也影响了个体对外界刺激的感知和处理方式。一些人天生对新环境或新事物的适应能力较强，这可能与其神经系统的生物遗传特征有关。这种感知和处理方式影响了个体在学习、社交和生活中的行为模式和选择，从而在一定程度上塑造了其人格特征的发展轨迹。生物遗传因素还可以影响个体的认知能力和学习方式。某些学习障碍可能与特定基因的突变或遗传信息有关，这会影响个体在学术成就和认知发展上的表现。这种影响不仅限于学术领域，还可能涉及到个体在解决问题、处理信息和记忆能力等方面的差异性。

生物遗传因素通过基因的遗传传递方式，对个体的人格特征、情感反应、认知能力等多个方面产生了深远的影响。这种影响不仅限于个体内部的生理和心理层面，还与外部环境的互动和个体的学习、社交经历密切相关。因此，了解和研究生物遗传因素对人格形成的作用，有助于更全面地理解个体差异的根源，为个体的心理健康和人格发展提供科学的支持和指导。

2. 社会环境因素

社会环境因素在塑造大学生人格方面起着至关重要的作用，这些因素涵盖了个体所处的家庭、社交圈、教育背景、文化等多个方面。社会环境通过各种经验和互动，直接影响和促进了大学生人格特质的形成与发展。

家庭环境是塑造个体人格的首要社会因素之一。家庭的教养方式、家庭成员之间的互动模式以及家庭价值观念，都会深刻地影响到大学生的性格特征和行为习惯。例如，一个在尊重、理解和支持下成长的大学生，可能在社会交往中展现出包容性和责任感，反之则可能表现出不同的社会互动方式和行为模式。

社交圈和同伴关系对大学生人格的塑造也具有重要影响。大学生在校园内外的社交活动中，通过与同龄人及不同背景的人交往，学习和借鉴他人的行为模式和社会价值观。例如，一个大学生可能在朋友的影响下，培养了积极乐观的态度和团队合作的精神，这些社交圈的互动能够帮助他拓展人际关系、增强适应能力，进而影响其人格特质的发展。

教育背景也是社会环境因素中至关重要的一部分，它直接塑造了大学生的学术能力、职业追求和社会责任感。高质量的教育系统和教育资源能够为大学生提供广泛的学习机会和发展平台，从而促进他们的综合素质全面提升。一个接受优质教育的大学生可能具备批判性思维、创新精神和领导能力，这些教育背景下的培养使其在学术和职业生涯中具备竞争力和影响力。

文化背景和社会价值观念对大学生人格的形成也有深远影响。文化背景塑造了个体的思维方式、行为模式和价值观念，这些因素在大学生的学术成就、社会交往和自我认知中发挥着重要作用。一个生长在尊重传统文化和家庭价值观念背景下的大学生，可能更注重个人责任和社会义务的履行，同时对传统文化和历史有深刻的认同感。

社会环境因素通过家庭、社交圈、教育背景和文化价值观念等多个方面，直接塑造和影响了大学生的人格特质和行为表现。了解和关注这些社会环境因素的作用，有助于更好地理解和支持大学生的全面发展和成长。

3. 自我调控因素

自我调控因素在大学生人格发展中扮演着至关重要的角色，它涉及个体内在的意识和行为控制机制，帮助他们管理情绪、行为和学习过程，从而实现自我成长和全面发展。

情绪调节是自我调控中的重要方面之一。大学生面对学业压力、人际关系和未来不确定性时，能否有效地调节情绪显得尤为重要。一个能够自我调节情绪的大学生在考试前可能会采取放松技巧或深呼吸来缓解紧张情绪，不仅有助于提高学习效率，还能增强个体的心理韧性和应对能力。

时间管理和目标设定也是自我调控的关键因素。大学生面临着繁重的学业任务、社团活动和个人生活等多重角色，良好的时间管理能力可以帮助他们有效安排学习和休闲时间，提升工作效率和生活质量。一个能够自我设定明确学习目标并合理分配时间的大学生，往往能在有限的时间内完成更多任务，保持学业上的持续进步。

自我激励和自我反馈机制对大学生的成长和发展也具有重要作用。自我激励能够帮助大学生在面对困难和挑战时保持动力和积极性。一个能够通过设定奖励机制或制定小目标来激励自己的大学生，通常能够更坚定地追求长远的学术或职业目标。

自我反馈机制帮助大学生审视自己的行为和成果，及时调整学习策略和行为习惯，以更好地适应和应对不断变化的学术和社会环境。人格心理学家普遍认为，大部分人常常都低估了自己，很少让自己的天赋和才能得到充分的发挥，实际上也就贬低了自己。有不少著名的科学家在青少年时期曾经被人判为庸才，但他们并未因此而消极、沉沦，而是正确认识和评价自己，通过超常的努力，不断改善自己的形象，最终获得了事业的巨大成功。

自我认知和自我控制是自我调控的重要组成部分，通过反思和评估自己的行为、情绪和决策，大学生能够更清晰地认识到自己的优势和改进空间，进而制定更有效的成长策略。一个能够自我反省并对自己的行为进行调整的大学生，可能在人际关系和团队合作中展现出更高的社交智慧和领导能力。

自我调控因素通过情绪调节、时间管理、自我激励、自我反馈、自我认知和自我控制等多方面的机制，有助于大学生在面对挑战和机遇时实现自我成长和全面发展。这些能力不仅在学术上和职业生涯中发挥着重要作用，也对个体的心理健康和社会适应能力有着深远影响。

（二）培养大学生健全人格的方法

1. 健全人格的含义

健全人格是指个体在心理、道德、社交和情感等多个方面达到良好、稳定和协调的状态。一个健全的人格不仅表现为情绪稳定、自我认知清晰，还包括了积极的社会互动能力和良好的道德品质。这种人格特质不仅有助于个体的自身发展，也对社会关系和环境的积极影响起到了重要作用。

健全的人格在心理层面体现为情绪的稳定和健康的心理状态。这包括个体能够有效管理和调节自己的情绪反应，如面对挑战时能保持冷静，面对压力时能寻找有效的情绪释放方式。例如，一个拥有健全人格的大学生可能在面对学业压力或人际冲突时，能够保持理性思考和积极应对，从而更好地调整自己的情绪状态，保持心理健康。

健全的人格在道德层面表现为诚实、正直和负责任的品质。这种品质使个体能够在面对道德困境时做出正确的选择，积极履行社会和个人责任。例如，一个具备健全人格的大学生可能在学术研究或社会实践中，始终秉持诚信原则，不作弊、不抄袭，以真实的成果回馈社会和学术界。

健全的人格还表现为良好的社交和人际关系能力。这包括个体在团队合作中的积极贡献、有效的沟通能力以及与他人建立互信和合作的能力。例如，一个拥有健全人格的大学生能够在团队项目中扮演良好的角色，有效地协调团队成员、解决冲突，并推动项目达成共同目标。

健全的人格还体现在个体对自我认知和成长的能力上。这包括个体能够清晰地认识自己的优势和劣势，有意识地进行自我反省和改进，以实现个人潜力的最大化。例如，一个具备健全人格的大学生可能会通过参与心理辅导、个人发展计划或自我探索，不断完善自己的能力和人格特质，以应对未来的挑战和机遇。

健全人格涵盖了多个维度，包括心理健康、道德品质、社交能力和自我认知等方面。通过这些方面的全面发展和提升，大学生能够在学术、职业和社会生活中展现出更高的素质和影响力，为个体的成长和社会的进步作出积极贡献。

2. 大学生健全人格的塑造

大学生健全人格的塑造是一个全面而持久的过程，需要结合个体内在的努力与外部环境的支持，以促进其心理、道德和社交等多方面的健康发展。大学生健全人格的塑造本质上是其人格的社会化过程，其基本矛盾仍是社会发展的需要同大学生人格素质的现状之间的矛盾。因此要塑造大学生健全的人格，必须在遵循一定的规律和原则的基础上采取行之有效的方法。以下是几种有效的方法和实例，帮助大学生塑造健全的人格。

教育和培训是塑造大学生健全人格的重要途径之一。学校可以通过课程设置和教育活动，引导学生培养正确的价值观和行为准则。例如，一些大学通过心理健康教育课程和人格发展讲座，帮助学生认识到情绪管理的重要性，学习应对压力的有效策略，以及如何在人际关系中保持良好的沟通和合作。

社会实践和志愿服务是促进大学生人格健全的重要手段。参与社会实践和志愿服务不仅能够增强学生的社会责任感和同理心，还能够锻炼他们的团队合作和领导能力。例如，参与校外社区服务活动的大学生可能通过与不同年龄、背景的人交往，学会尊重和理解他人，同时也加深了对社会问题和需求的认识，从而促进了其人格的全面发展。

个人发展计划和辅导是帮助大学生塑造健全人格的个性化方法。大学可以通过提供个人发展指导和辅导服务，帮助学生了解自己的兴趣、能力和价值观，制定符合个人目标的成长计划。例如，一些大学设立了个人发展中心或辅导员，专门为学生提供职业规划、情绪管理和学习技巧等方面的指导，帮助他们在个人和职业生涯中实现自我成长。家庭和社会支持是大学生人格塑造过程中不可或缺的因素。家庭的支持和理解可以为学生提供安全感和情感支持，帮助他们建立健康的自我认同和人际关系。社会的正向榜样和社会文化的影响也对大学生的行为模式和社会价值观念有重要的引导作用。通过教育培训、社会实践、个人发展计划和社会支持等多种途径，大学生能够逐步塑造健全的人格。这些方法不仅有助于他们在学术和职业生涯中取得成功，更能够帮助他们成为社会上具有积极影响力和社会责任感的成熟个体。

第四章　学生心理健康课程教学与实践

第一节　学生心理健康课程教学设计

教学设计是提高教学质量的重要手段，是指导教学实践的一门教育实用技术，是联系教学理论与教学实践之间的桥梁。作为心理健康教育课程教师，了解教学设计的基本概念，学习教学设计的基本方法，掌握课堂教学设计的基本要素，对教学实践有着十分重要的意义。

一、课程教学设计的基本特点和功能

（一）教学设计的基本特点

1. 教学设计是为课堂教学活动制定蓝图的过程

教学设计作为课堂教学活动的蓝图，具有明确的基本特点和功能，旨在有效地组织和引导学生的学习过程，其基本特点体现在多个方面。

首先是系统性和有序性。教学设计通过明确的学习目标、内容安排和教学方法，系统地组织课堂教学活动，确保学习过程和结果的有序性和连贯性。例如，一节心理健康课程可能通过阶段性的学习目标设置，有计划地引导学生从认知到实践，逐步掌握情绪管理技巧和心理健康知识。

教学设计具有前瞻性和灵活性。前瞻性体现在设计中需要考虑到学生的发展特点、学习需求和课程目标的长远实现，从而有效地促进学生的全面成长。例如，一门心理健康课程可能通过定期的评估和反馈机制，灵活调整教学策略和内容设置，以适应学生的学习进度和实际需求，保持教学的前瞻性和有效性。

教学设计具有针对性和个性化。针对性体现在教学设计中应考虑到不同学生

群体的特点和差异，采用多样化的教学方法和资源，以提升教学效果和学习参与度。例如，一节心理健康课程可能根据学生的年龄段、性别特征和个人兴趣，设计不同的案例分析和小组讨论活动，以激发学生的学习兴趣和主动性。

教学设计具有评估和反馈机制。有效的教学设计需要包括定期的评估和反馈环节，以检验学生对知识的掌握程度和能力的发展情况，从而及时调整教学方法和内容策略，实现教学目标的最大化。例如，一门心理健康课程可能通过作业、测验或课堂讨论，收集学生的学习成果和反馈意见，帮助教师更好地了解学生的学习进展，为教学实践提供有效的参考依据。

教学设计作为课堂教学活动的蓝图，具有系统性、前瞻性、针对性和评估反馈机制等基本特点，其有效实施不仅有助于提升教学质量和效果，更能够有效促进学生的学习和发展。

2. 教学设计的基本方法是系统的方法

教学设计作为教育活动的核心部分，常常采用系统方法来确保教学过程的科学性和有效性。系统方法强调教学设计应该综合考虑多个因素，包括学习者的特点、教学目标、教学内容、教学方法和评估反馈等，以达到整体优化和最佳效果。

系统方法强调教学设计应从整体上考虑和规划，确保各个组成部分之间的协调性和一致性。在设计一门心理健康课程的教学过程中，教师需要首先明确课程的整体目标，然后结合学生的年龄、心理特点和学习需求，选择合适的内容和教学方法。通过系统的分析和设计，教师可以确保课程的各个环节有机地结合，形成有序的教学过程，提升学习效果。

系统方法注重教学设计的科学性和实践性。教学设计不仅在理论上要具有合理性，还需要能够在实际教学中得到有效实施和应用。一位教师在设计心理健康课程时，可以根据心理学理论和实证研究，选择适合的教学方法，如案例分析、角色扮演或小组讨论，以帮助学生理解和应用心理健康知识，增强他们的心理调适能力和社会情感技能。

系统方法强调教学设计的反馈和调整机制。教学设计不是一成不变的，而是一个动态的过程，需要通过定期的评估和反馈，及时调整和优化教学策略。教师可以通过课堂测验、作业评估或学生反馈调查，收集学生的学习成果和反馈意见，了解到学生的学习困难和需求，从而调整教学内容和方法，以提升教学效果和学生的学习参与度。

系统方法还强调教学设计的跨学科性和综合性。教学设计应该能够综合运用多学科的知识和技能，以满足学生综合发展的需求。一门跨学科的心理健康课程可能涉及心理学、教育学、社会学等多个学科领域的知识，教师需要综合考虑这些知识的交叉点和互动关系，设计出能够全面促进学生心理健康发展的教学内容和活动。

系统方法作为教学设计的基本方法，通过整体性、科学性、实践性、反馈调整机制和跨学科综合性等特点，帮助教师有效地规划和实施教学活动，提升教学质量和学生学习效果。

3. 课堂教学设计是一项富有创造性的工作

课堂教学设计是一项富有创造性的工作，因为它要求教师结合教学目标、学生特点和教学资源，创造出能够激发学生学习兴趣和促进深度理解的教学活动和内容。

创造性体现在教师能够设计出富有互动性和参与性的教学活动。例如，一位语言教学的教师可以通过角色扮演、游戏模拟或实地考察等活动，激发学生的学习兴趣和主动参与度。这些创新的教学方式不仅使学生更加积极地投入到学习过程中，还能够增强他们的实际操作和解决问题的能力。

创造性还体现在教师能够根据不同学生的学习特点和需求，个性化地调整教学设计。一位心理学的教师在设计课堂教学时，可以结合学生的兴趣爱好和学习风格，选择多样化的案例分析或小组讨论，以促进学生在课程中的深度思考和自主学习。

创造性还表现在教师能够创新使用教学技术和工具，增强教学效果。现代技术的应用使得教师可以通过多媒体教学、在线学习平台或虚拟实验室等方式，创造出更加生动、直观的教学体验。这种创新的教学方式不仅能够提升教学的吸引力和效率，还能够更好地满足学生对多样化学习方式的需求。

创造性还表现在教师能够创造出鼓励学生批判性思维和创新能力的教学环境。在一个研究型的教育课程中，教师可以设计开放式的探究项目或科研实验，鼓励学生提出新的问题、寻找新的解决方案，并通过团队合作或个人研究的方式，促进学生在探索和实践中成长和发展。

课堂教学设计之所以是一项富有创造性的工作，是因为它要求教师不断地探索和尝试新的教学方法和策略，以适应不断变化的教育需求和学生的多样化学习背景。通过创造性的教学设计，教师能够有效地激发学生的学习兴趣，提升他们的学习效果，实现教育的真正价值。

4. 教学设计具有灵活性和具体性的特点

教学设计具备灵活性和具体性的特点，这使得教师能够根据不同的教学场景和学生需求，灵活调整和具体执行教学计划，以达到最佳的教学效果。教师应该根据课堂教学的不同情况和要求，决定重点解决哪些问题，略去一些不必要或者无法完成的步骤。教师面对的是一个个鲜活的生命个体，在课堂中就有可能出现一些意外的、无法预知的新情况，需要有灵活性。教学设计的具体性是因为教学设计针对的是课堂教学中的具体问题，它的每一个环节都是相当具体的。在一门语言课程中，如果教师发现学生在某一语法点理解不深，可以通过即时的课堂讨论或额外的练习来强化学生的理解，从而更好达成教学目标。这种灵活的教学设计能够根据学生的实际学习情况，动态调整教学策略，提升教学效果。

（二）课堂设计的功能

1. 有利于课堂教学的科学化

课堂设计在教学中具有多重功能，其中之一是促进课堂教学的科学化。科学化的课堂教学意味着教师通过系统性的规划和策略，有效地组织和引导学生的学习过程，以达到教学目标，提升学习效果。

科学化的课堂设计强调教学过程的系统性和有序性。例如，在一节数学课上，教师可能通过清晰的学习目标设定，结合适当的教学方法和资源，有序地引导学生从基础概念的理解到复杂问题的解决。这种系统性的设计帮助学生建立起逻辑性的学习框架，从而更有效地掌握和运用所学知识。

科学化的课堂设计注重教学内容的结构化和组织化。例如，在一门语言课程中，教师可能根据语言学习的不同层次，结合听、说、读、写等多种技能要求，有计划地安排课堂活动和练习，确保学生在不同语言技能上的全面发展。这种结构化的教学设计有助于学生系统地掌握语言的基础知识和实际运用能力。科学化的课堂设计依赖于有效的教学评估和反馈机制。例如，在一节科学实验课上，教师可能通过实验操作和数据分析，评估学生对实验原理和科学方法的理解程度。通过及时的评估和反馈，教师可以发现学生的学习困难和误解，及时调整教学策略和补充教学资源，以提高学生的学习效果和实验技能。

科学化的课堂设计强调教学过程中信息的有效管理和利用。例如，在一门信息技术课上，教师可能通过在线学习平台或多媒体资源，提供丰富的学习资料和互动教学工具，帮助学生更好地理解和应用信息技术知识。这种信息管理和利用的科学化设计不仅促进了学生的自主学习和信息素养的培养，还增强了教学效果和学习成果的可视化和跟踪。

科学化的课堂设计通过系统性的规划、结构化的组织、有效的评估和信息的有效管理，使得教学过程更加科学化和有序化。这种设计不仅有助于提升教学质量和效果，还能够培养学生的学习策略和自主学习能力，促进他们在各学科领域的综合发展和成长。

2. 有利于课堂教学效率的提高

课堂设计在提升教学效率方面发挥着重要作用，通过有效的组织和策略性的安排，使得教学过程更加高效，以实现更好的学习效果。

优化的课堂设计能够最大限度地利用教学时间，提升教学效率。例如，一位数学教师在设计每节课的教学活动时，可以精心安排时间，确保每个学习环节的紧凑性和连贯性。通过精准的时间管理，教师能够使学生在课堂上充分参与和深入思考，从而在有限的时间内达到更多的学习目标。

有效的课堂设计能够提升学生的学习动机和参与度。例如，一位语言教师可以通过引入生动的故事或实用的语言活动，激发学生学习的兴趣和积极性。通过设计具有挑战性和启发性的教学任务，教师能够促使学生主动探索和思考，从而增强他们的学习动力和深度参与，进而提高教学效果。

优秀的课堂设计强调多样化的教学方法和资源的灵活运用，以满足不同学习风格和需求的学生。例如，一位历史教师可能通过讲述、视觉资料和小组讨论等多种教学手段，利用在线资源和实地考察等多样化的教学资源，来丰富课堂教学内容。这种多元化的设计不仅能够有效地吸引学生的注意力，还能够提升他们对知识的综合理解和应用能力。

有效的课堂设计依赖于及时的教学评估和反馈机制。例如，一位科学教师可以通过定期的问答、小测验或实验报告，评估学生的学习进度和掌握程度。通过即时的反馈和个性化的指导，教师能够及时发现学生的学习困难并加以解决，从而调整和优化教学策略，提高教学效果和学习成绩。

优化的课堂设计通过高效利用时间、激发学习兴趣、多样化教学方法和资源的灵活运用，以及及时的评估和反馈机制，有效提升了教学效率和效果。这种设计不仅能够满足不同学生的学习需求，还能够促进他们的全面发展和综合能力的提升。

3. 有利于教学理论和教学实践的结合

有利于教学理论和教学实践的结合是优秀课堂设计的重要特征，这种结合不仅能够使教学更加深入和有效，还能够推动教育的持续进步和创新。

结合教学理论和实践能够使教师在教学设计和实施中更加系统和有针对性。教育心理学的理论认为，学生的学习效果受到情感因素和学习环境的影响。一位教师通过理解这些理论，可以在课堂设计中注重创设积极的情感氛围和鼓励学生的互动参与，从而促进学习效果的最大化。

教学理论的结合使得教师能够更好地反思和调整自己的教学实践。教育技术的理论认为，适当的技术应用能够提升教学效果和学习成果。一位教师通过运用现代化的多媒体技术和在线学习平台，将理论知识与实际案例、互动教学相结合，有效地增强了学生对课程内容的理解和实际应用能力。

理论与实践的结合促进了教师专业发展和教育创新。教育学的理论强调了个性化教学的重要性，教师通过理解这一理论，可以在实际教学中根据学生的学习风格和需求，调整和优化教学方法和策略，以提高学生的学习效果和学习动机。

理论与实践的结合不仅推动了教育现代化的进程，还为教育研究和改革提供了理论支持和实证数据。教育政策的制定和课程改革的实施，都需要依据教育理论的指导和实践的验证，以确保教育质量和效果的提升。

教学理论和教学实践的结合，不仅使教师的教学更加科学有效，还推动了教育的发展和创新。通过理论的深入理解和实践的有机结合，教师能够在教育现场中不断探索和实验，为学生提供更加丰富和有效的学习体验，推动教育事业向前发展。

4. 有利于教师成长和发展

课堂教学活动不仅是一种信息传播过程，更是一种艺术表现过程。没有高超的教学技巧，把握不了教学的艺术性，也不可能有好的课堂教学。我们知道，知识经验和实践是教师专业技能发展的重要因素。教学设计则为教师的成长提供了一条有效途径，通过教学设计不但可以迅速地掌握教学的基本原理和方法，还能在实践中不断熟练和提高，最终促进教师的成长。

（三）心理健康教育课程教学设计理念

1. 重新定位心理健康教育的价值取向

重新定位心理健康教育的价值取向是当前教育实践中的重要议题，其主要在于从传统的问题导向转变为综合性和促进性的方法。传统上，心理健康教育往往侧重于解决问题，如焦虑、抑郁等，而现代的理念则更加注重从整体上促进学生的心理健康和全面发展。

重新定位心理健康教育的价值取向意味着将焦点从单一问题扩展到全面发展。在一所学校的心理健康教育课程中，教师可能不仅关注学生的心理问题和挑战，还会通过教授情绪管理、人际关系技能、应对压力的方法等内容，帮助学生全面发展他们的心理健康素养。这种全面性的教育能够提升学生的自我意识和社会适应能力，从而预防和减少心理健康问题的发生。

重新定位还强调心理健康教育的促进性和预防性。传统心理健康教育往往在问题出现后进行干预，而新的理念则更注重通过提升学生的心理抗压能力和积极心态，预防心理问题的发生。通过心理健康教育课程的设计，学生可以学习到如何建立良好的心理健康习惯、保持积极的心态和应对日常生活中的挑战，从而在面对压力和困难时更具应对能力。

重新定位还强调心理健康教育在学校教育体系中的整合性和持续性。现代心理健康教育不仅仅是一门课程，更应当成为学校教育的一部分，贯穿于学生的整个学习生涯中。一些学校通过将心理健康教育内容融入到课堂教学、学生活动和家庭教育中，形成多层次、全方位的支持体系，以促进学生的心理健康成长，取得学业成功。

重新定位心理健康教育的价值取向强调全面发展、促进性预防和持续性支持的重要性。通过这种理念的指导，心理健康教育不仅能够帮助学生解决当前的心理问题，还能够提升他们的整体心理素质和生活质量，为他们未来的发展奠定坚实的基础。

2. 充分发挥心理健康教育的主渠道作用

充分发挥心理健康教育的主渠道作用意味着将其作为学校教育体系中的核心组成部分，通过有效的组织和策略，全面提升学生的心理健康水平。

学校是心理健康教育的主渠道，应该通过课堂教学将心理健康知识纳入常规教育。通过心理健康教育课程，学生可以学习到关于情绪管理、人际关系、压力应对等方面的知识和技能。这些课程不仅有助于学生在学业上的成功，还能培养他们的社会情感能力，增强心理健康问题的预防能力。

学校可以利用课外活动和社会实践作为延伸和应用心理健康教育的途径。通过组织心理健康主题的讨论小组、社会实践活动或心理健康周的举办，学生有机会实践和应用他们在课堂上学到的知识和技能，加深理解和掌握程度。

学校还可以通过家校合作的方式加强心理健康教育的效果。学校可以举办家长心理健康讲座、家庭互动活动等，向家长传授心理健康知识，帮助他们更好地支持和理解孩子的心理健康需求。通过家庭的积极参与，可以形成学校、家庭和社区的联动，共同关注和促进学生的心理健康发展。

充分发挥心理健康教育的主渠道作用需要建立完善的支持体系和资源网络。学校可以配备专业的心理健康教育师资，定期进行心理健康评估和辅导服务，为有需要的学生提供个性化的支持和指导。建立学校心理健康教育的长效机制，确保心理健康教育工作的持续性和深入性。

通过充分发挥学校作为心理健康教育的主渠道，可以实现心理健康教育的全面覆盖和深入推进。这种方式不仅有助于提升学生的心理健康水平，还能够促进整体教育质量和学生全面发展目标的达成。

3. 以开放的课堂教学接纳学生

开放的课堂教学是一种积极的教育方式，它通过包容和尊重每个学生的差异性，有效促进学生参与和学习成效的提升。在开放的课堂中，教师不仅是知识的传授者，更是学习的引导者和激励者。

开放的课堂教学注重学生参与和自主学习。例如，一位语言艺术教师可能通过开设创意写作课程，鼓励学生自由表达想法和感受。在这样的课堂环境中，学生可以根据自己的兴趣和创造力进行作品创作，教师则扮演着引导和反馈的角色，促进学生在创作过程中的自我探索和成长。

开放的课堂教学强调多元化和个性化的学习方式。一位数学教师可以通过小组讨论、问题解决任务和实验探究等活动，引导学生在不同的学习场景中探索和发现数学的应用和意义。这种多样化的教学方法能够满足不同学生的学习需求和学习风格，激发他们的学习动机和创造力。

开放的课堂教学鼓励学生批判性思维和自主学习能力的培养。例如，一位历史教师可能通过提供多样化的历史资料和观点，引导学生分析和评估不同历史事件的影响和意义。在这样的教学过程中，学生被激发思考和质疑的能力，从而培养了独立思考和批判性思维的能力。

开放的课堂教学通过鼓励学生参与和表达，建立了良好的师生关系和学生之间的合作氛围。例如，一位科学教师可以组织科学实验或项目，让学生在小组中合作解决问题，并分享他们的发现和经验。这种合作和分享的过程不仅加强了学生之间的团队精神，还提升了他们的社交能力和沟通技巧。

开放的课堂教学通过包容和尊重学生的差异性，促进了学生的参与和学习成效的提升。这种教学方式不仅能够激发学生的学习兴趣和动机，还能够培养他们的创造力、批判性思维和社交能力，为其未来的学习和生活奠定坚实的基础。

4. 探寻建构式教学的新型教学观和教学方式

建构式教学是一种强调学生主动参与和建构知识的教学方法，旨在通过学生的探索和发现，促进深层次的理解和学习成果的持久性。在这种教学观和方式下，教师不再是单一的知识传授者，而是引导者和支持者，为学生创设学习环境和机会。

建构式教学强调学生的知识建构过程。例如，在科学课堂上，教师可以引导学生进行实验和观察，让他们通过自己的亲身经验和发现，理解科学原理和现象。学生通过实验的过程，不仅掌握了科学知识，还培养了实验设计、数据分析和结论推断的能力，促进了对科学的深入理解。

建构式教学注重学生的合作和互动。例如，在语言艺术课堂上，教师可以组织学生进行文学作品的解读和分析，通过小组讨论和合作分享，学生们能够在互动中理解文本背后的文化和历史背景，从而更加深入地理解和欣赏文学作品。

建构式教学强调学习的意义和应用。例如，在历史课堂上，教师可以通过角色扮演、模拟情景等活动，让学生亲身体验历史事件和人物的背景，从而加深对历史事件的理解和评估。这种实践性的学习活动不仅使学生更容易掌握知识，还培养了他们的批判性思维和问题解决的能力。

建构式教学通过技术的应用和创新，拓展了学生的学习空间和机会。例如，教师可以利用虚拟现实技术或在线协作平台，为学生提供更多元化、实时的学习资源和互动机会。这种技术支持的教学方式不仅增加了学生的学习动机和兴趣，还促进了他们跨文化和跨学科的学习体验。

建构式教学的新型教学观和教学方式强调学生的积极参与和深度理解，通过探索、互动和实践，使学生能够在教育过程中建构知识、发展技能，并培养创新精神和解决问题的能力。这种教学方式不仅有助于提升学生的学习效果和成就，还能够为其未来的学习和生活奠定坚实的基础。

5. 通过创造性教学全面提高学生的素质

创造性教学是一种旨在通过激发学生创造力和培养创新思维的教学方法，其目标不仅在于传授知识，更在于提升学生的整体素质和应对未来挑战的能力。通过创造性教学，教师可以有效地激发学生的学习兴趣和参与度，进而全面提高他们的学术成就和个人发展。

创造性教学通过引导学生探索和解决问题，促进了深层次的学习和理解。例如，在艺术课堂上，教师可以鼓励学生通过绘画、雕塑等艺术形式表达自己的情感和观点。这种创作过程不仅锻炼了学生的艺术技能，还培养了他们的表达能力和批判性思维，促进了对艺术作品背后深层次意义的理解。

创造性教学强调跨学科的整合和应用。例如，在科学课堂上，教师可以设计项目让学生探索环境科学和可持续发展的问题。通过实地调研、数据收集和分析，学生不仅学习了科学理论知识，还理解了科学在解决现实问题中的应用价值，从而培养了解决问题和跨学科合作的能力。

创造性教学通过多样化的学习体验，激发了学生的自主学习和创新能力。例如，在技术教育课程中，教师可以引导学生使用3D打印技术设计和制作创意产品。学生在设计和制作过程中不仅掌握了技术操作的基本技能，还培养了解决实际问题和创新设计的能力，促进了实践能力和创业精神的发展。

创造性教学通过提供开放的学习环境和鼓励探索性学习，培养了学生的自信心和自我管理能力。例如，一些学校通过创客空间或实验室，为学生提供了探索和创造的空间，让他们在实践中学习并从失败中成长。这种积极的学习体验不仅增强了学生的学习动机，还培养了他们面对挑战和解决问题的勇气和能力。

创造性教学通过激发学生的创造力和培养创新思维，全面提高了学生的素质。这种教学方法不仅有助于学生在学术上的发展，还为他们未来的职业生涯和社会参与打下了坚实的基础，使其能够应对快速变化的社会和技术环境中的各种挑战和机遇。

二、心理健康教育新课程教学设计的基本要素

教学设计应包括以下要素：第一，学生及其需要的分析；第二，教学内容的分析；第三，教学目标的确定与阐述；第四，教学策略的制定与教学方法的选择；第五，教学媒体的选择和运用；第六，教学评价的设计。

（一）学生特征分析

在进行心理健康教育新课程的教学设计时，深入分析学生的特征是至关重要的一步。学生的特征分析涵盖了他们的认知发展水平、心理特点、兴趣爱好以及面临的社会、家庭环境等方面。这些分析可以帮助教师更好地理解学生，量身定制课程内容和教学方法，以达到更有效的教学效果。

了解学生的认知发展水平对于设计心理健康教育课程至关重要。不同年龄段的学生在认知发展上存在显著差异，因此教学内容和教学方法需要根据其认知能力进行调整。小学生通常注重感官体验和情感认知，因此在心理健康课程中可以通过故事、游戏等方式进行教学，以增强他们的情感认知和情绪管理能力。而中学生则更加注重逻辑思维和社会认知，可以通过案例分析、小组讨论等方式，引导他们深入理解和应用心理健康知识。

理解学生的心理特点有助于调整教学策略，促进他们的学习参与和发展。一些学生可能面临学业压力、人际关系问题或情绪困扰，这些心理特点可能影响他们的学习和情绪管理能力。在教学设计中，教师可以通过定期心理测评、个性化辅导或小组支持活动，帮助学生有效应对这些挑战，促进他们的心理健康成长。

考虑学生的兴趣爱好和学习需求是设计心理健康教育课程的关键要素之一。一些学生可能对运动、艺术或社交活动更感兴趣，教师可以结合这些兴趣设计相关的心理健康教育活动，使学生在参与中获得乐趣和收获。通过与学生的兴趣对接，可以提高他们的学习动机和参与度，促进心理健康教育的有效传达和实施。

综合分析学生所处的社会、家庭环境对于理解其心理健康状况和教育需求至关重要。不同社会和家庭环境可能会影响学生的价值观、情感表达方式及应对方式等方面。在教学设计中，教师可以通过家访、问卷调查等方式获取必要信息，有针对性地开展心理健康教育工作，满足学生的实际需求，促进他们的全面发展和健康成长。

通过深入分析学生的特征，包括认知发展、心理特点、兴趣爱好及社会家庭环境等方面，可以有效指导心理健康教育新课程的教学设计和实施，提高教学的针对性和有效性，从而更好地服务于学生的心理健康和全面发展。

（二）教学内容的分析

在设计心理健康教育新课程时，教学内容的分析至关重要，它涉及到教育目标的明确和内容的选取。教学内容应该根据学生的年龄特点、需求和学习目标，有针对性地选择并组织，以确保课程的有效性和实用性。

教学内容应包括心理健康的基础知识和概念。针对小学生，教学内容可以围绕情绪认知、情绪管理技能的培养展开，通过故事、图画等形式引导学生认识自己的情绪并学会有效应对。对于中学生，则可以深入探讨青少年常见的心理问题，如焦虑、抑郁等，教导他们识别问题并寻求支持与帮助。

教学内容应涵盖社交与人际关系的培养。社交技能对学生的心理健康至关重要，因此课程可以包括如何建立健康的人际关系、如何有效沟通以及如何处理冲突等内容。通过角色扮演、小组合作等活动，教导学生如何表达自己的想法和情感，并学会与他人建立积极互动。

教学内容还应涉及心理健康问题的预防与干预策略。通过教育学生关于心理健康的知识，可以帮助他们更好地认识和理解心理健康问题的早期迹象，以及如何预防这些问题的发生。教导学生关于压力管理、情绪调节和良好睡眠习惯的重要性，通过实用的技能训练和案例分析，增强他们应对生活中挑战的能力。

教学内容还应包括心理健康资源的介绍与利用。教师可以向学生介绍心理健康服务机构、在线资源和社区支持网络等，帮助学生了解在面对心理健康问题时可以寻求的帮助和支持。这种内容可以有效地拓展学生的社会支持网络，增强其在面对挑战时的应对能力和适应性。

设计心理健康教育新课程的教学内容，需要全面考虑学生的需求和学习目标，围绕心理健康的基础知识、社交技能的培养、问题预防与干预策略以及资源的利用等方面进行有序和系统的安排。通过合理的教学内容安排，可以有效提升学生的心理健康意识和能力，促进其全面发展和健康成长。

（三）教学策略

在设计心理健康教育新课程时，选择合适的教学策略是确保课程有效性和学生参与度的关键。教学策略应当根据学生的特点、课程内容和教育目标进行选择和调整，将学习效果和实用性最大化。

互动式教学是一种有效的教学策略，特别适合心理健康教育课程。通过小组讨论、角色扮演、案例分析等活动，学生可以积极参与并与同学互动，共同探讨和解决心理健康问题。教师可以组织学生在小组内分享个人的情绪体验，倾听他人的经历并提供支持，从而增强学生的社会情感能力和同理心。

体验式学习也是推广心理健康教育的有效策略之一。通过实践活动和实地体验，学生能够深入理解心理健康知识并将其应用到实际生活中。组织户外团建活动、情景模拟或者实地访问心理健康服务机构，让学生亲身体验和应用所学的情绪管理和社交技能，从而提升他们的学习兴趣和参与度。

个性化学习和自主学习是培养学生自我管理和学习能力的重要策略。通过设立学生导向的学习任务、个性化辅导或自主探究项目，鼓励学生根据自身兴趣和需求进行学习，探索并应用心理健康知识。学生可以选择关注自己感兴趣的心理健康话题进行深入研究，并在课堂上分享和讨论自己的发现和见解。

跨学科和跨界合作是推广心理健康教育的另一有效策略。通过与其他学科教师、心理学家或社会工作者的合作，将心理健康教育融入到多个学科和社区实践中，拓展学生的视野和应用场景。与体育老师合作开展运动和心理健康的关系、与社会学老师合作探讨社会压力对心理健康的影响等，可以使学生在多个方面获得全面的心理健康教育。

选择合适的教学策略对于心理健康教育新课程的设计至关重要。通过互动式教学、体验式学习、个性化学习和跨学科合作等策略的有机结合，可以有效提升学生的学习动机、深化理解和实践能力，促进其心理健康水平的全面发展。

（四）教学目标

在制定心理健康教育新课程的教学目标时，需要明确目标的具体性、可操作性和实现性，以确保课程的有效性和学生的实际收益。教学目标应当根据学生的年龄特点、心理健康需求和社会背景进行合理设定，以提升他们的心理健康意识、情绪管理能力和社交技能。

一个重要的教学目标是提升学生的心理健康意识和知识水平。针对小学生，可以设定目标帮助他们了解不同情绪的表达方式，并学会基本的情绪管理技能，如通过绘画、游戏等方式认识和表达情绪。对于中学生，则可以设定目标使其能够识别和理解常见的心理健康问题，如焦虑、抑郁等，学会寻求支持和应对策略，以提升心理健康的整体水平。

教学目标还包括培养学生的社交技能和人际关系能力。社交技能对于心理健康的发展至关重要，因此可以设定目标帮助学生学会有效的沟通、合作和冲突解决技巧。通过角色扮演、小组合作等活动，培养学生的团队合作精神和社会情感能力，增强他们在人际交往中的积极性和适应性。

教学目标应当包括预防和干预心理健康问题的能力。通过教育学生关于心理健康问题的认知和预防措施，可以帮助他们建立健康的心理防御机制和应对策略。设定目标使学生了解压力管理的重要性、学会有效的放松技巧和应对策略，以减少压力对心理健康的负面影响。

教学目标还包括提升学生的自我认知和自我管理能力。通过反思、自我评估和目标设定等活动，帮助学生更好地理解自己的情感和行为模式，并学会有效地管理个人情绪和行为。设定目标使学生能够建立健康的自我形象和自信心，通过实际操作和反思，不断提升个人的情绪智力和自我管理能力。

制定心理健康教育新课程的教学目标需要综合考虑学生的发展特点、心理健康需求和社会背景，确保目标具体明确、可操作性强，并通过实例化和操作性的活动帮助学生实现心理健康水平的全面提升。

（五）教学媒体

在现代心理健康教育课程中，选择适当的教学媒体是促进学生学习和理解的重要因素。教学媒体的选择应当考虑其能否有效地传达信息、激发学生的兴趣和参与，并有助于实现课程的教学目标。

多媒体技术在心理健康教育中是一种有效的教学媒体。通过图像、视频、动画等多媒体内容，可以生动地展示心理健康知识和技能，提供视觉化的学习体验，增强学生的理解和记忆。使用动画视频解释情绪的生理过程和情绪调节的方法，可以帮助学生更直观地理解抽象的心理概念。

互联网资源和在线平台是现代心理健康教育不可或缺的教学媒体。学生可以通过搜索引擎、在线课程平台或专业心理健康网站获取丰富的学习资料和案例分析，扩展他们的心理健康知识和实践技能。学生可以在在线论坛上分享心理健康经验，与他人交流心理健康问题的解决方案，从而增强社会支持网络和实践能力。

虚拟现实（VR）技术是一种创新的教学媒体，可以提供沉浸式的学习体验。通过虚拟现实设备，学生可以参与模拟场景、实地体验和情景模拟，增强他们的情感认知和应对能力。使用虚拟现实技术模拟真实生活中的社交场景或压力测试，让学生在安全的环境中练习应对策略和情绪管理技能，以提升其应对现实生活中挑战的能力。

传统的教学媒体如书籍、手册和教学板书仍然是重要的辅助工具。这些媒体可以提供系统化的知识结构和深入的学习资料，帮助学生理解心理健康理论和实践技能。通过精心设计的心理健康教科书和案例分析手册，学生可以系统学习和应用各种心理健康概念，深化对心理健康问题的理解和应对策略的掌握。

选择适当的教学媒体对于心理健康教育课程的成功实施至关重要。通过多媒体技术、互联网资源、虚拟现实技术和传统教学媒体的有机结合，可以有效提升学生的学习动机、深化理解和应用能力，促进其心理健康水平的全面发展。

（六）教学评价

在心理健康教育课程中，有效的教学评价是确保学生学习成效和课程质量的重要手段。教学评价应当全面考量学生的知识掌握、技能应用和情感态度的发展以及课程目标的达成情况，从而为进一步改进教学和学生发展提供有效的反馈。

形成性评价是促进学生持续学习和进步的关键。通过定期的小测验、作业反馈和课堂互动等形式，教师可以了解学生的学习进展和理解程度，及时发现并解决学习中的困惑和误解。教师可以设计情景案例让学生分析和解决，通过学生的表现和回答来评估他们对情绪管理策略的理解和应用能力。

评估学生的实际应用能力和技能是心理健康教育评价的重要方面。通过实地观察、角色扮演、模拟情景等形式，教师可以评估学生在真实生活中应对心理健康问题的能力。组织学生参与模拟社交场景并进行评估，看其是否能有效运用学到的社交技能并与他人交流和解决问题。

反馈和自我评价是教学评价的重要组成部分。通过及时的反馈和自我评估，学生可以了解自己的学习进展和改进空间，有助于他们更好地调整学习策略和提升学习效果。学生可以通过填写情感日记或者情绪管理日志来自我评估情绪波动和应对策略的有效性，教师则可以根据学生的反馈提供进一步的指导和支持。

综合评价是确保心理健康教育课程全面发展的重要手段。通过综合性评估学生在知识、技能和态度方面的表现，教师可以全面了解课程的教学效果和学生的整体成长。结合期末项目、口头报告和自我评估，评估学生在心理健康知识掌握、社交技能应用和情绪管理能力方面的综合表现，从而制定个性化的学习计划和教学改进方案。

有效的教学评价是心理健康教育课程中不可或缺的一部分，它通过形成性评价、实践评估、反馈和综合评价等多种方式，促进学生的全面发展和课程的持续优化，从而达到提升学生心理健康水平和教育质量的目的。

三、心理健康教育新课程的设计原则

（一）以情境为中介

心理健康教育新课程的设计原则之一是以情境为中介，即通过真实和具体的情境来促进学生的学习和理解。这一原则强调将抽象的理论知识和技能应用置于具体的生活情境中，使学生能够更加直观地理解和应用所学的心理健康知识。

通过情境化的学习，学生可以更深入地理解心理健康问题的实际应用和影响。例如，在处理情绪管理的课程中，教师可以设计真实生活中常见的情景，如面对考试压力、家庭矛盾或人际冲突等，让学生在模拟的情境中学习和应用情绪调节策略。通过这种方式，学生能够更好地理解情绪管理技能的实际效果和应对方式，增强他们在实际生活中解决问题的能力。

情境化的学习有助于激发学生的学习兴趣和参与度。相比于传统的抽象概念教学，情境化教学能够使学生更加投入和关注课程内容。例如，通过角色扮演或案例分析，学生可以扮演特定角色并面对各种挑战，从而深入体验和理解不同心理健康问题的本质和复杂性。这种参与式的学习方式可以激发学生的学习动机，提升他们的学习效果和记忆深度。

情境化教学有助于培养学生的实际应用能力和问题解决能力。通过面对真实生活中的情境挑战，学生不仅学会理论知识，还能够培养批判性思维和创造性解决问题的能力。例如，设计一个团队合作项目，让学生在处理团队内部冲突时学习有效的沟通技巧和冲突解决策略，从而提升他们的社会情绪智力和团队合作能力。

以情境为中介的设计原则不仅能够增强心理健康教育课程的实用性和吸引力，还能有效提升学生的学习动机和参与度，培养其解决现实生活中心理健康问题的能力。通过将学习置于具体情境中，学生不仅能够更加深入地理解和应用心理健康知识，还能够在实践中发展和完善自己的心理健康技能和应对策略。

（二）以经验为起点

设计心理健康教育新课程时，以经验为起点是一个重要的设计原则。这意味着将学生的个人经验和背景作为教学的出发点和基础,以便更有效地建立他们的心理健康意识和技能。

以经验为起点可以增强学习的相关性和实用性。每个学生都有独特的生活经历和心理健康挑战,将这些经验纳入教学设计可以使课程更贴近学生的现实需求。通过学生的个人经历或案例分享,教师可以引导学生探索不同的情绪反应和应对策略,帮助他们从自身经验中汲取教训并改进自己的情绪管理技能。

以经验为起点有助于建立信任和共鸣。教师可以通过倾听和理解学生的个人经历,建立起师生之间的信任和共鸣,从而更有效地进行心理健康教育。教师可以利用学生的个人经验作为课堂讨论的素材,鼓励学生分享挑战和成功的故事,引发深入的心理健康对话和思考。

以经验为起点有助于个性化和差异化教学。每个学生的经验和背景不同,因此在教学中可以根据学生的个体差异和需求进行个性化的教学设计。对于经历过特定心理健康问题的学生,教师可以提供个性化的支持和指导,帮助他们理解和管理自己的情绪和心理状态。

以经验为起点还可以促进学生的自主学习和自我发展。通过反思和分析自己的经验,学生可以更好地认识自己的情感和行为模式,培养自我觉察和自我调节能力。例如,通过情感日记或反思作业,学生可以定期记录和分析自己的情绪变化和应对策略的有效性,从而持续改进和提升自己的心理健康水平。

以经验为起点的设计原则能够深化心理健康教育的实用性和个性化,促进学生在理解、应用和发展心理健康知识和技能方面的全面成长。通过充分利用学生的个人经验和背景,教师可以更有效地引导学生探索和理解心理健康的多样性和复杂性,从而实现课程的教学目标和学生的全面发展。

(三) 以活动为核心

设计心理健康教育新课程时,以活动为核心是一种有效的设计原则。这一原则强调通过各种实践性活动来促进学生的参与和互动,以实现更深入的学习和技能发展。

以活动为核心能够增强学生的学习动机和参与度。通过设计多样化的活动,如小组讨论、角色扮演、案例分析、实地观察等,可以激发学生的兴趣,让他们积极参与到课堂学习中。例如，组织学生参与情绪调节技能的角色扮演，让他们在模拟的情境中实际应用学到的技能，从而加深对情绪管理策略的理解和掌握。

以活动为核心有助于培养学生的实践能力和解决问题的能力。通过实地观察和实践活动，学生可以直接接触和应对现实生活中的心理健康挑战，从而提升他们的应对能力和自信心。例如，安排学生进行社区心理健康服务活动，让他们与真实的心理健康服务对象互动，实践所学的支持技能和倾听技巧。

以活动为核心有助于促进团队合作和社交技能的发展。通过小组项目和合作活动，学生不仅可以分享和交流自己的想法和经验，还能学会有效的团队协作和沟通技巧。例如，组织学生参与一个团队项目，要求他们合作解决一个心理健康挑战，通过协作和互动来促进他们的社会情绪智力和团队合作能力的发展。

以活动为核心还可以增强学生的反思和自我评价能力。通过活动后的反思讨论或个人总结，学生可以审视自己在活动中的表现和学习到的经验，进而提升自我认知和学习效果。例如，组织学生进行一次团队项目后，要求他们撰写反思报告，分析自己的学习收获和团队合作中的挑战，从而帮助他们更深入地理解和应用心理健康知识。

以活动为核心的设计原则能够通过实践性活动促进学生的参与度、实践能力和社交技能的发展，进而达到提升心理健康教育效果的目的。通过设计丰富多样的课堂活动，教师可以激发学生的学习兴趣和动机，帮助他们全面发展和应对现实生活中的心理健康挑战。

（四）以过程为重心

设计心理健康教育新课程时，以过程为重心是一种关键的设计原则。这一原则强调不仅关注学生最终的学习成果，更注重在学习过程中的体验、反思和成长。

以过程为重心可以促进学生的深度学习和持续发展。通过强调学习过程中的反思和自我评价，学生可以更加全面地理解和应用所学的心理健康知识和技能。例如，在学习情绪管理的过程中，教师可以要求学生反思每天的情绪变化、应对策略的有效性，并通过这些反思来调整和改进自己的情绪调节方法。

以过程为重心有助于培养学生的自主学习能力和批判性思维。通过设立明确的学习目标和过程性评估，学生可以在教师的指导下逐步发展和完善自己的学习策略和技能。例如，教师可以在课程中设置多个阶段的项目任务，要求学生在每个阶段结束时提交自己的进展报告和反思，以便及时调整学习方向和方法。

以过程为重心有助于建立积极的学习氛围和师生互动。通过鼓励学生参与课堂讨论、小组合作和同伴互动，可以创造一个开放和支持的学习环境，促进学生之间的互动和合作。例如，组织学生参与小组项目时，教师可以定期组织小组讨论会，让学生分享彼此的学习经验和遇到的挑战，以促进彼此的学习和成长。

以过程为重心还可以提升教师的教学效果和个性化指导能力。通过持续地监测学生的学习过程和反馈，教师可以及时调整教学方法和策略，以满足学生的个体差异和学习需求。例如，通过定期的学习日志或个人反思，教师可以了解每位学生在情绪管理、人际关系等方面的成长和发展，从而为他们提供个性化的指导和支持。

以过程为重心的设计原则能够通过关注学习过程中的体验、反思和成长，促进学生的深度学习和自主发展。通过设计明确的学习过程和评估机制，教师可以有效地引导学生建立积极的学习态度和学术习惯，从而实现心理健康教育课程的教学目标和学生的全面发展。

（五）以合作为主线

设计心理健康教育新课程时，以合作为主线是一种非常有效的设计原则。这一原则强调通过促进学生之间的合作和互动，来实现更深入的学习、更丰富的交流和更全面的成长。

以合作为主线可以促进学生的社会情绪智力和团队合作能力的发展。通过组织学生参与小组项目、合作任务或团队活动，教师可以培养学生有效沟通、协作解决问题的能力。例如，在探讨应对青少年压力的课程中，教师可以组织学生形成小组，共同制定应对压力的计划和策略，通过讨论和合作来增强他们的应对能力和团队合作能力。

以合作为主线有助于提升学生的互动性和参与度。相比于传统的单一学习模式，合作式学习可以激发学生的学习兴趣和动机，使他们更积极地参与到课堂活动中来。例如，通过小组讨论、角色扮演或互动游戏，学生不仅可以分享自己的想法和经验，还能从同伴那里获取新的见解和学习资源，从而丰富自己的学习体验和认知深度。

以合作为主线有助于创造支持性的学习环境和建立学生之间的信任关系。通过合作学习，学生能够建立起相互支持和尊重的关系，共同面对挑战和解决问题。例如，在探索青少年心理健康问题的课程中，教师可以鼓励学生分享个人经历和挑战，通过合作来发现和实施解决方案，从而增强学生的情感智力和团队凝聚力。

以合作为主线还可以提升学生的批判性思维和问题解决能力。通过与同伴合作，学生可以从不同的视角和思维方式中学习，提升自己的批判性思维能力和创新能力。例如，在解决人际冲突的课程中，学生可以通过模拟情境或角色扮演来实践有效的沟通和解决问题的技能，从而提升他们在现实生活中应对人际关系挑战的能力。

以合作为主线的设计原则能够通过促进学生之间的合作和互动，培养他们的团队合作能力、社会情绪智力和问题解决能力。通过组织多样化的合作学习活动，教师可以创造积极的学习氛围，激发学生的学习兴趣和动机，从而有效地实现心理健康教育课程的教学目标和学生的全面发展。

四、心理健康教育新课程的教学方法

心理健康教育课的教学方法，不同于一般的教学原则和教学规律，它更具有可操作性以及实用性，主要解决教师如何教的问题，对教师搞好教学工作有十分重要的指导作用。目前，心理健康教育课程的教学个别化倾向十分明显，每位教师对同一课题的教学方法差异很大，这就可能造成教学内容的传授有多有少，甚至有偏差。作为一名教师，如果思考得不够深入，研究得不够具体，往往给学生留下了一种印象：心理健康教育课程的教学不太讲究方法。其实，心理健康教育课程的教学规范性决定了它必须强调教学方法。

（一）教学准备方法

设计心理健康教育新课程的教学方法时，教学准备是确保课程有效实施的关键步骤。教学准备方法包括规划课程结构、准备教材资源、制定评估标准和适应学生需求等。教师的教学准备内容主要包括：确定教学目标，选择教学内容，设计教学活动，收集相关资料（如案例等）支撑教学，指导学生做好必要准备（如小品表演、歌曲舞蹈、道具奖品等）。教师在教学之前的周密设计和充分准备是取得教学成功的根本保证，也是教师良好教学态度的体现。

规划课程结构是教学准备的基础。教师需要明确课程的目标和学习结果，设计合适的课程大纲和教学计划。例如，在设计一门青少年心理健康课程时，教师可以确定课程的核心内容，如情绪管理、人际关系、应对压力等，然后根据这些核心内容制定每节课的具体主题和活动安排，确保课程的逻辑性和连贯性。

准备教材资源是教学准备方法的重要组成部分。教师需要根据课程内容选择和准备适当的教材、案例分析、多媒体资源等，以支持课堂教学和学生的学习。例如，在教授青少年抑郁症的课程中，教师可以准备相关的研究报告、实例案例和视频素材，用以帮助学生理解抑郁症的症状、原因和治疗方法。

制定评估标准是确保课程质量和学习效果的关键步骤。教师应该明确课程的评估方法和标准，以便有效地评估学生的学习成果和课程的教学效果。可以结合小组项目评估、个人反思报告、口头演讲或期末考试等多种方式，全面地评估学生在心理健康知识、技能和态度方面的发展情况。

适应学生需求是教学准备方法的重要考量因素。教师应该了解学生的背景、学习风格和特殊需求，根据不同学生的情况制定个性化的教学策略。例如，对于具有不同情绪管理能力水平的学生，教师可以提供个性化的支持和指导，帮助他们根据自己的需求和情境制定有效的情绪调节策略。

教学准备方法是设计心理健康教育新课程时必不可少的步骤。通过规划课程结构、准备教材资源、制定评估标准和适应学生需求，教师可以确保课程的高效实施和学生的全面发展，从而达到心理健康教育的教学目标。

（二）课堂教学方法

我们所熟悉的课堂教学方法一般都是以教师控制任务为中心的教学方法，如讲课方法、示范方法、问答方法和讨论方法。这类方法教师采取权威式或家长式的姿态，而学生具有较低的自由度。在心理健康教育课程中，除上述方法外，我们还提倡采用以项目为中心的个别或合作教学方法，如角色扮演方法、游戏方法、测验方法等灵活的学习方法。教师采取参与者或旁观者的姿态，而学生具有较高的自由度。然而把"控制权"交给学生并不表示教师职责的放弃，也不表示教师不再需要仔细地安排教学活动。教师仍然要时时刻刻为学生的实践及心理安全负责。除了课堂讲授方法之外，用得较多的有以下几种。

1. 案例分析法

案例分析法是心理健康教育中常用的一种教学方法，通过分析真实或虚构的案例来引导学生探讨和理解心理健康问题及其解决方法。这种方法不仅可以帮助学生理论联系实际，还能够培养他们的批判性思维和问题解决能力。

案例分析法能够提供具体的实例，帮助学生理解抽象的心理健康理论和概念。例如，在探讨青少年焦虑症的课堂上，教师可以通过分析一个真实的青少年焦虑症案例，让学生了解这种心理健康问题的表现、影响因素和可能的治疗方法。通过具体案例的讨论，学生可以更加深入地理解理论知识，并将其应用到实际情境中。

案例分析法能够激发学生的参与和互动。在案例分析过程中，学生通常需要分析案例中的问题、挑战和解决方案，提出自己的观点和看法。例如，在探讨家庭关系对青少年心理健康的影响时，教师可以组织学生小组分析一个家庭冲突案例，并讨论家庭成员的行为如何影响青少年的情绪和心理状态。通过小组讨论和互动，学生不仅可以分享自己的观点，还能从同伴中获得新的见解和思维方式。

案例分析法有助于培养学生的批判性思维和问题解决能力。在分析案例的过程中，学生需要评估信息的可靠性、分析问题的根本原因，并提出基于理论和实证的解决方案。例如，在探讨青少年应对学业压力的策略时，学生可以通过分析不同案例中的应对方法，思考哪些策略更有效，从而培养他们分析和评估问题的能力。

案例分析法可以促进学生情感智力和同理心的发展。通过接触和分析他人的生活经历和情感体验，学生可以更加深入地理解和体验到不同情境下的情感反应和行为表现。例如，在探讨青少年自尊心问题时，教师可以引导学生分析一个自尊心受损的案例，让他们体验到自尊心对个体心理健康的重要性，并通过案例中人物的反思和成长，启发学生对自己情感状态的思考和理解。

案例分析法作为一种有效的课堂教学方法，不仅可以帮助学生理解和应用心理健康理论，还能够促进他们的批判性思维、问题解决能力和情感智力的发展。通过引导学生分析和讨论案例，教师可以有效地达到心理健康教育的教学目标，帮助学生在实践中提升自己的心理健康认知和应对能力。

2. 心理测验法

心理测验法是一种常用的心理健康教育课堂教学方法，通过使用各种心理测验工具来帮助学生了解自己的心理特点、认知方式或情绪反应，从而促进个人的自我认知和发展。这种方法不仅可以帮助学生了解自己的心理状态，还能够提供个性化的支持和指导。

心理测验法能够帮助学生深入了解自己的个性特点和心理状态。例如，通过使用 MBTI（Myers-Briggs Type Indicator）等人格测验工具，教师可以帮助学生识别自己的人格类型，了解自己的性格偏好和行为倾向。这不仅有助于学生更好地理解自己的行为模式和与他人的交往方式，还能够提升他们的自我认知能力。

心理测验法可以促进学生对自己认知方式和情绪反应的理解。例如，通过使用认知偏差测验工具，教师可以帮助学生识别和评估自己在思考和决策过程中可能存在的认知偏差，如情绪化思维、过度悲观或过度乐观等。通过理解自己的认知方式，学生可以更有效地应对负面情绪和挑战，提升自己的情绪调节能力和心理弹性。

心理测验法可以提供个性化的心理支持和指导。通过分析学生的测验结果，教师可以识别出学生可能存在的心理健康问题或挑战，并提供相应的支持和建议。例如，如果某个学生在焦虑测验中显示出高度焦虑的倾向，教师可以推荐相应的应对策略，建议学生寻求进一步的心理咨询和支持。

心理测验法有助于学生在实践中应用和测试学到的心理健康知识。通过参与各种心理测验和评估活动，学生可以将课堂学习到的理论知识应用到实际情境中，加深对心理健康问题的理解和应对能力。例如，在学习情绪管理策略时，学生可以通过情绪测验来评估自己的情绪状态，并尝试不同的情绪调节技巧，从而提升自己的情绪管理能力。

心理测验法作为一种有效的心理健康教育课堂教学方法，通过测验工具帮助学生深入了解自己的心理特点和认知方式，提供个性化的心理支持和指导，促进学生的自我认知和发展，从而有效地达到心理健康教育的教学目标。

3. 心理电影赏析

心理电影赏析，就是从心理学的角度走进片中人物的内心世界，感受角色的心灵言语。通过对电影中人物的心理活动与行为表现进行剖析，揭示其心理内涵和深层次的生活启示，从而推动参与者对人类自身的再认识。学会在别人的故事里解读自己的生命体验，在深层次自我探索的基础上完善自我，促进个体的健康发展。欣赏电影，剖析电影中的角色，这种寓教于乐的方式，比传统的课堂讲授更能增加学生的兴趣和热情，使学生在分析过程中获得感悟和提升，并延伸至日常生活中，达到知、情、意合一。

4. 心理健康教育主题活动设计

特别要注意活动内容与教学目标的一致性，不要为活动而活动，活动只是一种媒介，活动之后的讨论和分享才是重点，可以把感性的认识上升到理性的高度。

开展建立信任的主题活动。"分享的喜悦是加倍的，分担的痛苦是减半的。"进入团体内的成员在初步相识后，需要进一步互相接触、互相了解，以逐渐建立信任的关系，互相接纳，减少防卫心理。通过这样的活动可以增加成员之间的理解，发展团体动力。

开展自我探索的主题活动。让学生在适度的自我开放中，通过自我检查、自我觉悟、自我实践促进自我成长，鼓励学生做深入的自我探索，而不是依靠教育者说教或社会规范的灌输，这是课程设计与实施是否体现心理辅导实质的关键所在，比如"别人眼中的我"活动。

开展价值澄清的主题活动。价值澄清的目的不是灌输给学生一套事先安排的、严谨的价值观，而是通过心理帮助指导学生掌握一种过程，比如"生存选择"活动。

设计脑力激荡的主题活动。脑力激荡活动允许学生对一个问题能自由地考虑可采用的方法，它可以帮助学生产生很多的概念，它的目的是在一种兴奋、有趣、安全及接纳的气氛下，鼓励学生真诚地发表意见，不管有无价值，甚至类似开玩笑或引人注意的意见，都要接纳它，比如"比谁想得多""铅笔的用途"等活动。

教师需要选择适合教学内容的且是他认为对学生最有效的教学方法。最重要的是要不断调整教学方法以保持学生的学习兴趣。其规律是，与以教师控制任务为中心的使学生变得不够积极的教学方法相比，以项目为中心的个别或合作教学策略，可以使学生的参与性与积极性达到更高的水平。但重要的是应记住教学方法是没有对错之分的。

第二节　心理健康教育课程教师专业发展

一、教师专业成长的过程

任何职业的从业人员都有一个专业成长的经历和过程。一个教师的教育品质是逐步发展和积累起来的，有些品质是在师范教育前初步具备或已经具备并基本成型的，如教师的语言基础知识和基本技能、分析、判断和推理能力、逻辑表达能力、社会交往能力等。师范教育只是教师专业成长的一个重要环节，许多教师的专业能力和技能大都是在工作实践中逐步养成的。由此看来，教师的专业成长是一个多阶段的连续过程。

（一）新任教师的新奇与困惑

1. 教师的职业理想是其成长的动力要素

教师的职业理想是其成长过程中至关重要的动力因素，尤其是对于新任教师而言。职业理想不仅指引教师在教学实践中的方向，还激励他们不断学习、改进和创新，以更好地满足学生的需求和社会的期待。

职业理想使新任教师能够明确自己的教育目标和价值取向。例如，一位新任的心理健康教育教师可能梦想通过教育帮助学生建立积极的心理健康态度，促进他们的全面发展。这种理想不仅激发教师为实现教育目标而努力，还使其在面对挑战和困难时保持坚定和动力。

职业理想推动新任教师不断追求专业发展和提升。教师通过不断学习新知识、研究最新的教育理论和实践方法，来实现自己的职业理想。例如，一位新任心理健康教育教师可能会参加专业发展培训、阅读相关领域的学术论文或参与研究项目，以提升自己的专业能力和知识水平，从而更好地服务于学生和社区。

职业理想为新任教师提供了应对挑战和困惑的内在动力。教育工作中常常面临多样化的学生需求、家庭背景和社会压力，而教师的职业理想可以成为他们克服困难的精神支柱。例如，一位新任的心理健康教育教师可能在面对学生心理问题时，通过自己坚定的职业理想，不断探索适合学生的有效教学策略和支持方案，帮助他们克服困难并取得进步。

职业理想还能促使新任教师与同事和社区建立良好的合作关系。通过分享和交流自己的职业理想，教师可以与他人形成共同的教育目标和价值观，共同努力实现更大的教育影响力。例如，新任的心理健康教育教师可能会与学校的心理健康团队合作，共同开发课程、组织活动，为学生提供全面的心理支持和服务。

教师的职业理想不仅是其成长过程中的动力要素，更是引导其教育实践、推动专业发展和应对挑战的关键。通过坚持自己的职业理想，新任教师可以不断提升自己的教育水平和影响力，为学生的学习和成长贡献自己的力量。

2. 教师的教育理念是其成长的关键要素

教师的教育理念是其成长过程中的关键要素，它不仅反映了教师对教育的信念和态度，还指导着他们在教学实践中的行为和决策。一个坚定而清晰的教育理念能够为教师提供方向和动力，帮助他们在不断变化的教育环境中保持稳定和成长。

教师的教育理念定义了他们对学生成长和发展的愿景和期望。例如，一位教育理念是"每个学生都有无限潜力"，这种教育理念将指导教师不仅关注学生的学术表现，还重视他们的个性发展和全面成长。这种理念激励教师在课堂上采用多样化的教学方法，为学生提供更多的发展机会和支持。

教师的教育理念影响着他们的教学策略和方法选择。例如，一位强调"学生中心"教育理念的教师会更倾向于使用互动式、合作式的教学方法，鼓励学生参与和自主学习。这种教育理念促使教师在设计课程和评估学生学习成果时，关注学生的个性差异和学习需求，以确保每位学生都能得到有效的学习支持。

教师的教育理念塑造了他们的专业身份和自我认知。例如，一位以"教育是改变世界的力量"为理念的教师，将把教育视为社会变革的工具，自觉地承担起教育者的责任和使命。这种理念推动教师不断反思和改进自己的教学实践，努力在教育领域发挥更大的影响力和正面的社会影响。

教师的教育理念促进了与家长、同事和社区的积极互动和合作。通过分享和交流教育理念，教师可以与他人建立共同的教育目标和价值观，共同努力推动学生的全面发展和教育公平。例如，教育理念强调"尊重和包容"，可以帮助教师与多元化背景的家庭建立信任和合作关系，共同关注学生的成长和学习进步。

教师的教育理念不仅是其成长过程中的关键要素，更是教育实践的指导原则和行动准则。通过明确和坚持自己的教育理念，教师可以在复杂多变的教育环境中稳定成长，并为学生的成功和未来做出积极的贡献。

3. 教师的教学实施能力是其成长的核心要素

教师的教学实施能力是其成长过程中的核心要素，直接影响着教学效果和学生的学习成果。这种能力不仅包括课堂管理和教学技巧，还涉及到教师如何有效地传递知识、激发学生的学习兴趣以及适应不同学生的需求。

教师的教学实施能力体现在其能否有效地设计和组织教学活动。例如，一位高中数学教师在准备代数课时，通过清晰的教学目标和结构化的课程设计，帮助学生逐步理解和掌握复杂的代数概念。良好的教学实施能力使教师能够根据课程要求和学生特点，有序地安排教学内容，确保教学过程的连贯性和有效性。

教师的教学实施能力体现在其教学方法和策略的多样性和灵活性。例如，一位小学语文教师在教授阅读理解技巧时，能够灵活运用小组讨论、角色扮演和游戏化学习等多种教学方法，以吸引学生的注意力并提升他们的学习参与度。这种能力不仅使教学过程更加生动和有趣，还能够满足不同学生的学习风格和需要。

教师的教学实施能力体现在其对学生学习进展的有效监控和反馈。例如，一位初中科学教师通过定期的形成性评估和个性化的反馈，帮助学生识别自己的学习进步和改进空间。良好的实施能力使教师能够及时调整教学策略和方法，以支持学生的个性化学习需求，帮助他们实现更好的学业成就。

教师的教学实施能力还表现在其与同事和家长的积极合作和沟通能力上。例如，一位中学历史教师通过与同事分享教学经验和资源，共同设计跨学科项目，提升学生的综合学习能力。良好的合作能力和沟通能力使教师能够借助集体智慧和资源，为学生提供更丰富和多样化的学习体验。

教师的教学实施能力不仅是其成长的核心要素，更是提升教育质量和促进学生学习的关键。通过不断培养和发展教学实施能力，教师能够在不同的教育环境和学生群体中发挥更大的教育影响力，实现自身和学生的共同成长。

（二）教师成长中的"高原现象"

1. 教师专业成长中产生"高原现象"的原因分析

教师专业成长中的"高原现象"指的是在教学实践中出现的发展停滞或进步缓慢的状态。这种现象可能由多种因素引起，需要深入分析和理解。

教学压力和挑战的增加常常是导致"高原现象"的主要原因之一。例如，一位新任的小学教师可能在开始教学生涯时充满热情和创造力，但随着时间的推移和面对不断变化的学生需求、家长期望以及学校管理压力，可能会感到教学上的挑战和压力增加，导致教学动力和创新意愿下降。

个人学习和专业发展的停滞或缺乏新的学习机会也是产生"高原现象"的原因之一。例如，一位教育技术的教师可能在使用某种新技术时感到热情和进步，但随着时间的推移，如果没有持续更新自己的知识和技能，可能会陷入技术应用的瓶颈，导致教学效果和创新性受到限制。

教师个人生活和职业生涯的平衡问题也可能导致"高原现象"的出现。例如，一位中学教师可能面临工作压力与个人生活需要的冲突，导致精力不足和工作动力下降。这种情况下，教师可能会感到在教学实践中的发展停滞，缺乏前进的动力和方向感。

缺乏有效的职业支持和反馈机制也可能加剧"高原现象"的发生。例如，一位教师如果缺乏同事间的合作和交流以及学校领导层的指导和支持，可能会感到在教学实践中孤立无援，缺乏发展和改进的动力。

教师专业成长中的"高原现象"是一个复杂的现象，受多种因素的影响。为了有效应对和预防"高原现象"的出现，教师个人需要不断反思和调整自己的教学实践，同时学校和教育管理部门也应提供必要的支持和资源，帮助教师持续发展，提升教学效果。

2. 教师专业成长中"高原现象"的特点

教师专业成长中的"高原现象"表现为教学能力或职业发展的一段停滞期，

通常具有几个显著特点。

教师在教学技能上的稳定性和安全感增强。例如，一位数学教师可能在教学方法和课程设计上达到一定水平后，感到自己已经能够应对大多数教学挑战，因而教学实践不再有显著的突破或改进。

教师在教育理念和价值观上的稳固性增加。例如，一位初中语文教师可能在教学初期树立了明确的教育理念，如"激发学生的创造力和表达能力"，这种理念在其职业生涯中得到稳固，导致教学实践相对保守，较少尝试新的教学方法或策略。

教师在职业自信心和满意度上的变化。例如，一位历史教师可能在职业生涯中经历了多次教学实践和教学成就，逐渐形成了自己的教学风格和方法，同时也因此感到职业满足感和自信心的提升，而不再积极追求教学上的创新和改进。

教师专业成长中的"高原现象"还可能表现为职业动机和发展方向的重新评估。例如，一位高中化学教师可能在一段时间内感到教学动力下降，开始重新思考自己的教育目标和未来发展方向，以寻求新的职业挑战和成长机会。

教师专业成长中的"高原现象"不仅反映了其在教学实践中的稳定和安全感增强，还可能导致职业发展动力和创新意识的减弱。了解和认识这些特点有助于教育管理者和教师个人更有效地应对"高原现象"，通过持续的职业发展计划和专业发展机会，激励教师不断提升教学能力和职业满意度，促进教育质量的持续提升。

3. 克服教师专业成长中"高原现象"的基本对策

要克服教师专业成长中的"高原现象"，需要采取一系列有效的对策，以帮助教师持续发展和提升教学质量。

提供持续的专业发展机会和资源对于克服"高原现象"至关重要。学校可以组织定期的教师培训工作坊、研讨会和学术会议，邀请专家分享最新的教育理论、教学策略和技术应用。这种持续的学习机会能够激发教师的学习兴趣和求知欲，帮助他们更新教学知识和技能。

鼓励教师进行同行观摩和合作学习是克服"高原现象"的有效途径之一。教育管理部门可以支持教师间的合作教学项目或跨学科团队合作，通过互相观摩和交流教学经验，帮助教师开拓教学思路，获取新的教学灵感和创新点子。

建立有效的教学评估和反馈机制对于促进教师专业成长非常关键。学校可以实施定期的教学评估和同事间互动评课，教师可以从同事和学生的反馈中了解自己的优势和改进空间，进而调整教学策略和方法，实现持续改进和成长。

支持教师参与教育研究和项目实践也是克服"高原现象"的有效对策之一。教育管理部门可以鼓励教师申请教育研究基金，参与教育创新项目或学术出版，通过深入的研究和实践探索，激发教师的学术兴趣和教学热情，推动其在教学实践中的进步和发展。

建立支持和鼓励教师创新的组织文化和管理氛围是克服"高原现象"的关键。学校管理层可以倡导开放的沟通氛围和包容的工作环境，鼓励教师提出新的教学想法和方法，积极尝试教学创新，从而激发教师的工作激情和创造力。

通过以上措施可以有效帮助教师克服专业成长中的"高原现象"，促进其持续发展和教学能力的提升，从而为学生提供更优质的教育服务。

4. 超越教师

"超越教师"这一概念不仅仅指教师在教学职责上的履行，还包括了他们在教育领域的深度影响和对学生生命的积极塑造。教师在超越教学任务的同时也成为学生的榜样和引导者，他们的影响力和贡献超出了传统的教学范畴。例如，一位小学老师不仅仅在课堂上教授学术知识，还通过自己的行为和态度，教导学生关于诚实、正直和努力的重要性。这种影响不仅仅在学生的学业上产生了积极的影响，还对他们的品格和社会价值观有着深远的影响。在另一个例子中，一位高中教师通过开展学生社区服务项目，激发了学生们的公民意识和社会责任感。通过这些项目，学生们学会了合作、领导和解决实际问题的能力，这远远超越了传统课堂教学所能达到的效果，对学生的整体发展起到了重要的推动作用。一些教师通过创新的教学方法和技术，打破了传统的教学模式，为学生提供了更加丰富和多样的学习体验。例如，利用虚拟现实技术来模拟历史事件或科学实验，使学生能够身临其境地体验和理解知识，这种教学方法不仅增加了学生的学习兴趣，还提升了他们的学习效果和深度理解能力。

教师超越了传统的教学职责，成为了学生发展中不可或缺的一部分。他们通过教育和激励，不仅在学术上为学生打下坚实的基础，更在品格、领导力和社会责任等方面，为学生成长奠定了重要的基础。这种超越，不仅影响着当前学生的

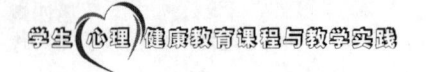

生活，也深远地塑造了他们的未来。

二、教师专业化发展的策略

（一）学习

1. 学什么

在教师专业化发展的策略中，学习是至关重要的一环。教师需要不断扩展和更新自己的知识体系，以适应快速变化的教育环境和学生需求。学习内容可以涵盖多个方面，既包括学科知识的深入，也包括教学技能、教育理论以及现代教育技术的应用等。

教师需要持续学习和更新学科知识。例如，一位高中数学教师可以通过参加专业会议、研讨会和在线课程，了解最新的数学教学方法、学术研究进展以及课程标准的更新。这种学习不仅帮助教师保持对学科知识的深入理解，还能够使其在教学中更好地传授知识，激发学生的学习兴趣和能力。

教师还应该学习教育心理学和教育理论。了解学生的认知发展阶段、学习风格和心理特点，有助于教师设计更有效的教学策略和个性化的学习方案。例如，一位初中语文教师可以通过学习教育心理学知识，更好地理解学生在语言习得和阅读理解方面的挑战，从而调整教学方法，帮助学生提升语文能力。

现代教育技术的学习和应用也是教师专业化发展中不可或缺的一部分。随着教育技术的快速发展，教师可以学习如何有效地利用教育软件、在线平台、虚拟实验室等工具来增强教学效果和学生参与度。例如，一位小学老师可以通过培训学习如何利用教育游戏和多媒体资源来吸引学生的注意力，使课堂更加生动和有趣。

教师还应该学习教学评估和数据分析的方法。通过系统收集和分析学生的学习数据，教师可以更好地了解学生的学习进度和困难，及时调整教学策略和个性化教育方案。例如，一位中学科学教师可以学习如何使用学生测验和课堂表现数据，评估学生对不同科学概念的理解程度，从而调整课程内容和教学方法，提高学生的学习成效。

教师在专业化发展过程中的学习不仅包括学科知识的深化，还需涵盖教育理论、教育技术和教学评估等多个方面。通过持续不断的学习，教师可以提升自己的教学能力和专业水平，更好地服务于学生的学习和发展需求。

2. 如何学

学习对于教师的专业发展至关重要，而学习的方式和方法直接影响到学习效果的深度和持久性。

持续自主学习是教师学习的基础。自主学习意味着教师应该积极寻找学习的机会和资源，不仅限于学校或组织提供的培训课程。教师可以利用互联网资源，如在线课程、开放式课程网站、学术期刊等，自主学习最新的教育理论和教学方法。这种方式能够使教师在时间和地点上更加灵活，根据自己的需求和兴趣进行深入学习。

跨学科学习和交叉讨论能够拓宽教师的视野和思维。教师可以通过参加跨学科的研讨会、学术会议或团队合作项目，与来自不同学科背景的教育专家和同行进行交流和讨论。例如，一个语言教师可以参与跨学科的教育技术研讨会，与科技教育专家分享经验，探讨如何有效地将技术整合到语言学习中去。

合作学习和同事互动是促进教师专业发展的重要途径。教师可以与同事建立学习小组或专业社群，在这些平台上分享教学经验、教材资源和教学反思。例如，一些学校会定期组织同事评课或教学分享会，教师们可以在这些场合上互相学习、互相启发，共同探讨教学中的挑战和解决方案。

反思和实践是学习过程中不可或缺的环节。教师应该经常反思自己的教学实践，思考哪些方法和策略有效，哪些需要调整和改进。教师可以通过教学日志、学生反馈和课堂观察，收集和分析教学数据，发现自己的教学盲点并及时调整。

持续评估和反馈是确保学习效果和持续改进的关键。教师可以通过定期的自我评估、同事评估或专业评估，了解自己的学习进度和成果。教师可以制定学习计划和目标，定期评估自己在教学技能、知识掌握和专业发展方面的进展，从而及时调整学习策略，保持学习的动力和效果。

通过以上有效的学习方法和策略，教师可以更加系统和高效地进行专业学习，不断提升自己的教学能力和专业水平，为学生提供更优质的教育服务。

（二）反思

1. 什么是反思

反思是指教师对自己的教学实践、职业行为、教育理念以及学生学习成果进行深入和系统的思考和分析的过程。这种过程不仅限于简单的回顾和总结，更重要的是教师能够从中获得新的见解、理解和改进方向。

反思涉及到对教学实践的分析和评估。教师通过反思自己的课堂教学，审视自己的教学方法、教学内容的组织和呈现方式以及学生的学习反应和表现。例如，一位语言教师在课后反思时可能会思考，自己是否有效地引导学生理解新的语法规则，学生是否理解了课堂上的重点内容，是否有更好的教学策略来增强学生的语言表达能力。

反思也包括对职业行为和教育理念的思考。教师会反思自己在教育过程中所体现的价值观、伦理标准和专业责任感。例如，一位教育技术教师可能会思考自己在推广科技教育中的角色和责任，以及如何在保持教学质量的同时有效地整合科技创新到课堂教学中去。

反思还涉及到对学生学习成果的评估和分析。教师需要思考学生是否达到了预期的学习目标，如何通过调整教学方法和策略来提高学生的学习效果。例如，一位数学教师可能会反思自己在教学过程中对学生数学思维和问题解决能力的培养是否有效，如何帮助学生克服数学学习中的困难和障碍。

反思是教师专业发展中至关重要的一环，通过深入的反思，教师可以不断地改进自己的教学实践、理念和行为。这种系统的自我评估和学习过程不仅有助于教师提高教学质量，还能够推动教育创新和学术进步，为学生提供更加有效和个性化的教育服务。

2. 教师教学反思的内容

教师教学反思的内容涵盖广泛，首先会关注自身的教学策略和方法。他们会思考在课堂上选择的教学方法是否能够有效地促进学生的学习和理解。例如，一位小学教师可能反思自己在教授数学概念时所采用的游戏化教学方法是否足够引起学生的兴趣，是否需要调整游戏规则或增加难度以更好地挑战学生。

教师会评估教学内容的设计和组织。他们会思考教材选择的合理性、内容的深度和广度是否符合学生的学习能力和课程要求。例如，一位历史教师可能会反思自己在教授二战时期历史事件时，是否包含了足够的背景知识和相关事件的影响，如何更好地将历史事件与当代社会联系起来，帮助学生理解历史的持续性。

教师会关注学生的学习反应和表现。他们会思考学生在课堂上的参与度、理解程度和学习成效是否达到预期目标。例如，一位语言艺术教师可能会反思自己在指导学生创作时，是否提供了足够的指导和反馈，学生是否在表达自己的想法和情感时得到了充分的支持和鼓励。

教师还会反思自己的职业行为和教育理念。他们会思考自己在课堂管理中的表现、与学生家长的沟通方式以及是否积极参与学校的专业发展活动和社区建设。例如，一位音乐教师可能会反思自己在学校音乐会组织中的角色和贡献，如何通过与家长合作，促进学生音乐兴趣的持续发展。

教师教学反思不仅限于课堂教学方法和学科内容的评估，还包括教师的教育理念、职业行为和对学生学习成果的关注。通过深入的反思，教师可以不断提高自己的教学质量，增强专业发展的动力，为学生提供更加有效和个性化的教育服务。

（三）行动

1. 什么是行动研究

行动研究是一种系统的、反思性的研究方法，旨在通过教师或教育工作者在实际教学环境中开展的自我反思和实践探索，改进教学实践并促进学生学习成果的提升。这种研究方法强调实地实践和反思的结合，以解决具体的教育问题，提高教育实践的效能。

在行动研究中，教师通常会选择一个教育领域或具体的教学挑战作为研究的焦点。例如，一位中学教师可能注意到学生在数学概念理解方面存在困难，因此决定通过行动研究来探索如何设计更有效的教学策略。行动研究的过程通常包括以下几个步骤。

（1）问题定义与计划制定。教师确定需要解决或改进的教学问题，并制定实施行动研究的计划。例如，教师可能选择提高学生在某一数学概念上的理解能力作为研究问题，并制定如何收集数据、实施教学干预以及评估效果的详细计划。

（2）行动实施与数据收集。教师在实际教学中实施设计的教学干预或策略，并记录实施过程中的关键数据和观察结果。这些数据可以包括学生的学习成绩、参与度、反馈意见等，用以分析教学策略的有效性和影响。

（3）数据分析与反思。教师对收集到的数据进行分析，探索教学干预的效果和成效。通过反思和讨论，教师可以深入理解教学过程中的优势和不足，为进一步的改进提供理论支持和实际指导。

（4）成果总结与知识分享。教师将行动研究的结果进行总结归纳，并根据研究发现调整和改进教学实践。教师还可以选择在学校内部或教育社区分享研究成果，促进教育创新和教学实践的共享与交流。

行动研究通过教师自主地诊断和解决教学实践中的问题，不断改进教学策略和方法，从而提升教学质量和学生学习成果。这种方法不仅使教师能够在实践中获得反馈和经验，还能够促进教育领域的持续进步和创新。

2. 行动研究的过程

行动研究的过程通常包括以下几个关键步骤，这些步骤帮助教师系统地探索和改进自己的教学实践，从而提升学生的学习效果。

问题识别与计划制定。教师首先需要明确定义一个具体的教育问题或挑战，这个问题通常是在实际教学中观察到的一个具体情况或需要改进的领域。例如，一位小学老师注意到学生在阅读理解方面的困难，因此她决定将提高学生阅读理解能力作为行动研究的主题。在确定了研究问题之后，教师需要制定具体的行动计划，包括实施的教学策略、时间表安排、数据收集方式以及评估方法。例如，老师可以计划在一段时间内实施特定的阅读教学方法，比如使用更多的问答技术和小组讨论，以提高学生的阅读理解能力。

行动实施与数据收集。教师根据制定的行动计划在教学中实施相应的教学策略或干预措施，并系统地收集数据以评估教学效果。数据收集可以包括学生的阅读理解测试成绩、课堂参与度观察记录、学生作业反馈等。这些数据帮助教师了解教学策略的实际影响和学生的学习反应。

数据分析与反思。教师需要对收集到的数据进行深入分析，并进行反思。分析过程可以揭示教学策略的优势和不足,帮助教师理解为什么某些方法有效或无效。通过反思,教师能够从中提取出教学改进的关键见解和行动建议。

成果总结与知识分享。行动研究的最终目标是改进教学实践并促进学生学习。因此教师需要将研究结果总结成报告或案例,并在学校内部或教育社区分享,以便其他教师从中学习和应用。例如,老师可以在教育研讨会上分享她的行动研究成果,讨论如何有效地提高学生的阅读理解能力。

行动研究通过系统的、循环的方法帮助教师不断改进教学实践,根据实证数据调整教学策略,从而实现教育的持续优化和进步。

第三节 心理健康教育课外实践活动

一、大学心理健康教育课外实践活动的特点与作用

(一)课外实践活动的特点

1. 强调学生的自我探索

大学心理健康教育的课外实践活动具有几个显著的特点,其中之一是强调学生的自我探索。这种特点反映了教育者对于学生心理健康教育的理念和实践方法的新探索。

课外实践活动鼓励学生通过参与不同的实践项目或活动,自主地探索和发现自己的兴趣、优势和困惑。例如,大学里的心理健康俱乐部通常会组织各种讨论会、工作坊或户外活动,让学生们有机会分享彼此的心理体验和挑战。在这些活动中,学生可以以自己的方式表达并思考他们在学习和生活中遇到的问题,从而促进个人成长和发展。

课外实践活动提供了一个开放和包容的环境,鼓励学生展示他们的个性和独特性。例如,某些心理健康教育的社团或团体可能会组织主题活动,如心理健康日、艺术展览或戏剧表演,通过不同的艺术形式和表达方式,让学生们以更加创造性和个性化的方式参与,从而提升他们的自我认知和表达能力。

课外实践活动还鼓励学生通过互动和合作，建立支持和理解的社区。例如，一些学校可能会开设心理健康的志愿服务项目，让学生们担任心理健康顾问或志愿者，为同学们提供支持和帮助。通过这些实践活动，学生们不仅可以学习到如何有效地与他人沟通和合作，还能培养同理心和责任感，从而增强自身的心理韧性和社交能力。

大学心理健康教育的课外实践活动通过强调学生的自我探索，为他们提供了一个实践和发展的平台。这些活动不仅有助于学生在心理健康方面的成长和发展，还能促进个人价值的实现和社会责任的培养，为未来的职业和生活奠定坚实的基础。

2. 强调学生的主体性

强调学生的主体性是大学心理健康教育课外实践活动的另一个显著特点，它体现了教育者在培养学生自主意识和个体发展中的重视和努力。

课外实践活动通过给予学生更多的选择和自主权，鼓励他们根据自身的兴趣和需求参与活动。例如，大学里的心理健康工作坊可能会提供多种选择，如艺术疗法、心理咨询技巧或冥想练习等，让学生根据自己的需求和目标选择参与的项目，从而增强其主动学习和成长的动力。

课外实践活动鼓励学生在实践中扮演积极的角色，并激发他们解决问题和改进自身状态的能力。例如，一些大学可能会组织心理健康倡导团队，由学生自愿参与，通过举办宣传活动、撰写博客或发起讨论会，向同学们传播心理健康知识和技能，增强整个校园的心理健康意识和社区支持系统。

课外实践活动还通过鼓励学生在实践中反思和评估自己的经验，促进其个人成长和发展。例如，一些心理健康社团可能会定期组织学生参加自我探索或心理成长的工作坊，让学生们分享自己的成长历程、面对的挑战以及通过实践获得的启示和收获，从而深化对自身心理健康需求的理解和应对策略的调整。

大学心理健康教育的课外实践活动强调学生的主体性，通过提供多样化的参与选择、鼓励积极的参与角色以及促进个人反思和成长，培养学生的自主意识和个体发展能力。这些实践不仅有助于学生在心理健康领域的全面发展，还为他们未来的职业和社会生活奠定了坚实的基础。

3. 强调学生的体验和感悟

大学心理健康教育的课外实践活动强调学生的体验和感悟，这不仅是促进他们心理成长的重要途径，也是增强个体学习效果和生活质量的关键因素。

课外实践活动通过提供丰富多样的体验机会，帮助学生在实践中获得直接的心理和情感体验。例如，一些大学可能会组织户外冒险活动，如登山、露营或团队挑战赛，让学生通过面对挑战和危险，培养自信心、团队合作精神和应对压力的能力。这些活动不仅让学生体验到身体和心理的挑战，还促使他们通过亲身经历来学习和成长。

课外实践活动鼓励学生通过参与不同的社区服务或志愿活动，深入理解社会问题并从中获得情感上的满足和成就感。例如，一些心理健康俱乐部可能会组织学生到社区中心或康复中心进行志愿服务，陪伴孤独老人或帮助身心障碍者。通过与他人的互动和支持，学生们不仅能感受到他人的需求和情感，还能从中获得人文关怀和社会责任感的体验。

课外实践活动通过反思和分享学生的感悟，促进他们在心理健康领域的深度理解和自我认知。例如，学生参与心理健康工作坊或小组讨论时，经常被要求分享个人的心理成长历程和通过实践活动所获得的见解。这种互动和交流不仅加深了学生对心理健康话题的理解，还通过彼此的分享和反思，促进了心理健康意识的普及和社区内部情感支持网络的建立。

大学心理健康教育的课外实践活动强调学生的体验和感悟，通过多样化的实践体验、社区服务和情感交流，帮助学生在认知、情感和社会层面上全面发展，增强他们的自我意识和心理韧性，为未来的职业发展和生活健康奠定坚实的基础。

4. 强调学生的自助与互助

大学心理健康教育的课外实践活动强调学生的自助与互助，这两者相辅相成，旨在提升个体的心理韧性和社会支持系统，促进整体心理健康。

强调学生的自助意味着教育者鼓励学生通过自我探索和学习来管理和改善自身的心理健康状态。例如，大学里的心理健康俱乐部可能会提供自助工具和资源，如心理健康自测问卷、放松技巧训练或个人成长指导，让学生能够独立地识别自己的情绪状态，应对压力和焦虑，从而提升自我调节能力和应对挑战能力。

强调学生的互助意味着通过互相支持和合作，建立一个相互理解和支持的社区网络。例如，一些心理健康教育活动可能会鼓励学生参与小组讨论、互动工作坊或对等支持小组，通过分享经验和倾听他人的故事，帮助他们感受到被理解和支持的力量。这种互助不仅促进了学生之间的情感连接，还能激发他们共同探索解决问题的方法，并增强社会交往和团队合作的能力。

强调学生的自助与互助还可以通过志愿服务和社区参与来实现。例如，学生参与心理健康俱乐部的志愿服务项目，如组织座谈会、举办心理健康宣传活动或提供心理支持服务，不仅能为他人提供帮助，也能通过服务他人来增强自己的情感成就感和社会责任感，进而促进自我成长和社会参与。

大学心理健康教育的课外实践活动通过强调学生的自助与互助，旨在培养学生的自我管理能力和社会支持网络，帮助他们有效地应对生活中的挑战和压力，促进整体心理健康的提升。这些活动不仅在个体层面上有益，也为整个校园和社区创造了一个更加关爱和相互支持的环境。

（二）课外实践活动的目标和类型

1. 课外实践活动的目标

课外实践活动作为大学心理健康教育的重要组成部分，旨在实现多重目标，以促进学生的全面发展和心理健康。

这些活动的主要目标之一是提升学生的心理健康意识和知识水平。通过参与各种实践项目，如心理健康讲座、工作坊和小组讨论，学生能够了解不同心理问题的特征、常见的应对策略以及寻求帮助的途径。例如，一些大学可能会组织关于压力管理、情绪调节或人际关系技巧的讲座，以帮助学生在学术压力和生活挑战中更好地应对情绪波动和压力。

课外实践活动还旨在培养学生的自我认知和心理韧性。通过参与个人发展计划、自我探索活动或反思实践，学生能够更深入地理解自己的价值观、优势和成长需求。例如，一些大学会推出心理健康自助工具，如在线日记或心理健康应用程序，帮助学生记录和分析个人情绪和心理状态，从而提升他们的自我意识和情感管理能力。

课外实践活动还致力于促进学生的社交和情感发展。通过参与团队项目、社区服务或对等支持小组，学生能够建立支持性关系网络，增强彼此之间的信任和理解。例如，一些心理健康教育项目会组织学生参与团队挑战赛或社区义工活动，通过合作与互动，培养学生的团队合作精神和社会责任感，同时促进他们的社会交往技能和情感智能。

大学心理健康教育的课外实践活动旨在通过多样化的实践体验和社区参与，提升学生的心理健康意识、自我认知能力和社会情感技能，为他们未来的职业发展和个人生活奠定坚实的基础。这些活动不仅有助于学生在学术上和职业上的成功，还能增强他们的生活满意度和整体幸福感。

2. 课外实践活动的类型

课外实践活动在大学心理健康教育中具有多种类型，旨在通过不同形式的参与和体验来达到教育目标。

心理健康讲座和工作坊是常见的课外实践活动类型之一。这些活动通常由心理健康专家或顾问主持，涵盖各种主题，如压力管理、情绪调节、人际关系和心理健康知识的普及。例如，一些大学可能会定期组织讲座，邀请心理学家或心理健康专家介绍最新的研究成果和应用技巧，帮助学生理解和应对日常生活中的心理健康挑战。

团队挑战和户外冒险活动是通过团队合作和实践体验促进心理健康的另一种形式。这些活动通常涉及团队建设、沟通技能和问题解决能力的培养。例如，学生可能会参加团队挑战赛，如绳索课程、登山或海皮恩式团队活动，通过面对挑战和解决问题来加强自信心和团队合作技能。

社区服务和志愿者活动也是大学心理健康教育中重要的课外实践活动类型。这些活动不仅帮助学生建立社会责任感和同理心，还促进他们与社区的联系和互动。例如，学生可以参与志愿服务项目，如访问养老院、支持弱势群体或参与环保活动，通过服务他人来增强个人成就感和社会参与感。

对等支持小组和心理健康倡导活动是通过互动和分享来促进学生心理健康的另一种方式。这些活动通常由学生自主组织或与校园心理健康服务合作。例如，学生可以组织对等支持小组，为同学提供情感支持和建议，或通过举办心理健康宣传活动来提升学生的心理健康意识。

大学心理健康教育的课外实践活动类型丰富多样，包括讲座和工作坊、团队挑战和户外冒险、社区服务和志愿者活动以及对等支持和心理健康倡导等形式。这些活动通过不同的参与方式和体验，帮助学生在认知、情感和社交层面上全面发展，促进其心理健康和个人成长。

（三）课外实践活动的作用

1. 为传授丰富的心理健康教育内涵开辟了专门的渠道

课外实践活动在大学心理健康教育中扮演着重要角色，它为传授丰富的心理健康教育内涵开辟了专门的渠道。通过这些活动，学生不仅仅是在课堂上获取理论知识，更是通过实际参与和体验，深入理解心理健康的重要性和应对策略。

课外实践活动通过讲座、工作坊和专题讨论会等形式，为学生提供了直接接触心理健康专家和实践者的机会。例如，一些大学可能会邀请心理学家或临床心理学家来进行讲座，探讨焦虑和抑郁症的症状与处理方法，或者介绍正念和放松技巧等。通过这些专业人士的分享和指导，学生能够了解最新的研究成果和实用技巧，增强他们的心理健康意识。

课外实践活动通过团队挑战、户外冒险和团体合作项目，培养学生的团队合作能力和问题解决技能，同时增强他们的心理韧性和应对能力。例如，学生参加团队挑战赛或户外冒险活动时，面对各种挑战和不确定性，需要通过团队协作和有效沟通来完成任务。这种实际体验不仅促进了学生的个人成长，还增强了他们面对挑战时的心理抗压能力。

课外实践活动还通过社区服务和志愿者活动，将心理健康教育与社会实践结合起来，为学生提供了应用理论知识的平台。学生参与到社区心理健康项目中，如为弱势群体提供心理支持或参与健康宣传活动，不仅能将学到的理论知识转化为实际行动，还能增强他们的社会责任感和同理心。

课外实践活动通过多样化的形式和实际体验，为传授丰富的心理健康教育内涵开辟了专门的渠道。这些活动不仅丰富了学生的学习体验，也提升了他们在心理健康领域的实际能力和应对能力，为他们未来的职业发展和个人生活打下了坚实的基础。

2. 为发展性心理健康教育的操作过程提供了广阔的舞台

课外实践活动为发展性心理健康教育的操作过程提供了广阔的舞台，通过实际参与和体验，促进学生在心理健康领域的全面发展。这些活动通过让学生参与心理健康讲座、工作坊和小组讨论，提供了探索和理解心理健康概念的机会。例如，大学可能会定期组织讲座，探讨青少年心理健康、情绪管理技巧或压力应对策略等问题，学生可以通过这些活动学习到最新的心理健康理论和实践。

课外实践活动通过团队合作、社区服务和志愿者工作，培养学生的社会情感技能和责任感。例如，学生可以参与到心理健康促进项目中，如组织校园活动、策划心理健康宣传或参与社区心理服务，这些活动不仅帮助学生将理论知识应用到实际中，还培养了他们的领导力和团队合作能力。

课外实践活动还通过对等支持小组和心理健康倡导活动，为学生提供了表达和分享心理健康观念的平台。例如，学生可以组织心理健康意识周，举办主题活动、展览和讨论会，以推广正面心理健康实践和理念，增强校园内的心理健康文化和社会支持网络。

课外实践活动为发展性心理健康教育的操作过程提供了广阔的舞台。通过这些多样化的实践体验，学生不仅能够掌握实际应用的技能和策略，还能在社区中积极扮演角色，促进心理健康意识的提升和社会情感的发展。这种综合性的教育方法有助于学生在未来的学术和职业生涯中更加成功和健康发展。

3. 为学生个性化发展创设了团体互动的融洽氛围

课外实践活动不仅提供了学术知识的应用平台，还创设了团体互动的融洽氛围，促进了学生个性化发展。例如，通过参与团队挑战赛或社区服务项目，学生需要与同伴密切合作，共同面对挑战和解决问题。这种合作不仅增强了他们的团队精神和沟通能力，还培养了彼此之间的理解与支持，为个性化发展提供了积极的社交经验和心理支持。通过这些互动，学生可以学会在群体中表达自我、尊重他人的观点，并逐步形成独立而有信心的个性特征。

二、校园心理情景剧的组织实施

（一）校园心理情景剧的构成要素与技术

1. 了解校园心理情景剧

①根据戏剧架构，校园心理情景剧可以由一个人或多个人共同创作，学生通过编排和再现真实的生活场景，获得新的生活体验。

②校园心理情景剧的当事人可以是一个真实的个体，也可以是典型的一类人的代表，用以解决团体存在的比较普遍的问题。

③校园心理情景剧的心理辅导老师往往是在编排的时候发挥作用，表演时已经退居幕后。

④校园心理情景剧一般有发生、发展、高潮、结局这样比较固定的戏剧性形式。

⑤宣泄并不是校园心理情景剧中必要的因素，可以有，也可以没有。如果有，主要表现在戏剧的高潮阶段。

2. 校园心理情景剧构成要素

校园心理情景剧是一种通过戏剧表演形式来探讨和展示心理健康问题与挑战的教育活动。它的构成要素通常包括剧本、角色扮演、舞台设计和观众互动。

剧本是校园心理情景剧的核心。它需要精心编写，以确保能够有效传达特定的心理健康主题，如抑郁、焦虑、人际关系等。剧本不仅要有教育性和启发性，还要富有戏剧张力和吸引力，能够引起观众的共鸣和思考。例如，剧本可以通过刻画主角的情感经历和心理冲突，来呈现心理问题的复杂性和影响。

角色扮演是情景剧中至关重要的一环。演员们通过扮演各种角色来生动展示心理健康问题的不同方面和可能的解决途径。例如，他们可以扮演一个面对压力挑战的大学生，或是一个通过正念练习应对焦虑的实例。这种角色扮演不仅让观众更易于理解和感同身受，还帮助他们从不同角度审视心理健康议题。

舞台设计和观众互动也是构成要素的重要组成部分。通过合适的舞台布置、灯光效果和音效，情景剧能够营造出符合剧情需要的氛围和情绪。

观众互动则通过让观众参与到剧情发展中，例如提出问题或提供建议，增强剧场教育的参与感和实效性。

校园心理情景剧的构成要素包括精心编写的剧本、生动的角色扮演、精美的舞台设计和积极的观众互动。这些要素共同作用，使得情景剧成为一种有效的心理健康教育工具，能够深入观众心灵，引发深刻的思考和讨论。

3. 校园心理情景剧的基本技术

校园心理情景剧主要是通过角色扮演的方式，将当事人的心理活动展示在舞台上。心理辅导老师应根据当事人的心理类型，选择恰当的角色扮演技术，促进情感体验。空椅子经常运用于一个人表演的短剧中。当主角对某人或自己的某部分产生阻抗，不敢面对时，就可以利用一张椅子来象征其内心的期望或恐惧。一般会让主角想象在一张空椅子上坐着一个人，放着一件东西，或者是自己的某一个部分，鼓励主角与之对话。替身技术即由一位成员扮演主角，以协助主角把没有体会到的感受表达出来，扩大主角的觉察范围，催化主角的心理经验，表露出主角的深层次情绪。在校园心理情景剧中，经常会使用的一种替身技术是：给主角安排两个替身，一个代表本我和欲望，另一个代表超我和道德，通过两个替身的冲突矛盾来形象地表现主角的内心冲突。

（二）校园心理情景剧的实施

1. 校园心理情景剧剧本的创作要点

（1）搜集素材

剧本的创作者可以通过多种方式、多角度、多层次搜集学生中普遍存在的心理问题。例如，整理和分析心理咨询的典型个案；观察和分析学生网络论坛、博客中出现频率最高或跟帖率最高的心理话题；设计调查问卷，了解学生普遍感到困惑和亟须解决的心理问题；访谈或观察学生，记录在某个学生群体范围内各种心理问题出现的频率。

（2）确立主题

校园心理情景剧是针对某一突出心理问题的艺术加工和创作，如寝室关系紧张、异性交往恐惧、亲子矛盾冲突、孤僻自闭等；学习心理问题，如考试焦虑、学习动机缺乏等；自我意识问题，如理想自我与现实自我之间的落差、自卑、缺乏自我控制力等；环境适应问题，如新生适应不良、毕业焦虑、创伤后应激障碍等；情绪问题，如焦虑、易怒、情绪自控力差等；人格障碍问题，如依赖、自恋、攻击、偏执等。

（3）编写剧情

剧情是校园心理情景剧的灵魂，内容安排要围绕主题展开，要有矛盾冲突。校园心理情景剧主要是通过冲突来推动剧情发展的，概括起来主要可以分为三类：个体之间的性格冲突；个体内部的心理冲突；人物与环境的冲突。

（4）选择人物

校园心理情景剧的表演受舞台的限制，人物选择要尽量遵循宜少不宜多的原则。因为人物越多，焦点越多，情节越容易拖沓。只有人物精简，焦点突出，才能用更多的剧情集中刻画主角的内心世界。

2. 校园心理情景剧的导演

校园心理情景剧的导演在整个实施过程中扮演着至关重要的角色，他们不仅负责指导演员的表演，还需要确保剧本的有效传达和观众的深刻体验。

导演需要具备良好的戏剧和心理学知识背景，以便理解和解释剧本中心理健康问题的复杂性。例如，通过深入的研究和理解，导演能够帮助演员们更准确地理解角色的内心冲突和情感变化，从而能够更生动地表现出来。

导演在指导演员时需要注重情感表达和角色塑造。通过有效的演技指导和情绪引导，导演能够帮助演员们深入角色，表达出心理的真实感受。例如，通过情景训练和反复排练，导演可以引导演员表现出主角在面对抑郁时的情感变化和应对策略，使观众能够深刻感受到这些问题的现实影响。

导演还需要精心设计舞台和剧场效果，以增强剧情的视觉和感官冲击力。例如，通过灯光、音效和舞台布景的合理运用，导演能够营造出适合剧情发展的氛围和情绪，增强观众的沉浸感和体验度。

导演在整个实施过程中起到组织和协调的作用，确保所有的环节顺利进行并达到预期的效果。他们需要与编剧、演员、舞台工作人员和观众进行有效的沟通和协作，确保每个人都明白自己的角色和任务。通过良好的团队合作，导演能够将校园心理情景剧的理念和目标有效地传递给观众，达到教育和启发的目的。

主角是校园心理情景剧的主要人物，但是通常心理剧中不会只有主角，还需要配角来帮助主角完成整个表演。但是在校园心理情景剧的排演中，经常发生的现象是，学生们争着演主角，而不愿演配角，这本身就是一种缺乏团队协作精神的不良心理表现，也恰好可作为导演进行人际心理辅导的一个契机。

校园心理情景剧的导演不仅是艺术指导者，更是心理健康教育的实施者和推动者。他们通过专业的技能和热情，将剧本中的心理健康议题生动地呈现给观众，为学生提供了深刻的心理启发和教育体验。

3. 校园心理情景剧的表演和演出

校园心理情景剧的表演和演出是通过生动的艺术形式来传达心理健康教育信息，深刻影响观众的情感和思想。在表演方面，演员们扮演着关键角色，通过他们的表演技巧和情感表达，将剧本中的心理健康问题呈现得深刻而真实。

演员的角色扮演是情景剧成功的关键。他们需要通过专业的表演技巧，如语言、肢体表达和面部表情，将角色的内心冲突和情感变化生动地展现出来。例如，一部关于抑郁主题的情景剧可能通过主角的演绎，展示出抑郁症患者内心的孤独和挣扎，同时也展示出通过支持和治疗能够重获希望和生机的过程。舞台设计和视觉效果是增强剧场体验的重要元素。通过精心设计的舞台布景、灯光效果和音效，情景剧能够营造出符合剧情需要的氛围和情绪。例如，通过适当的灯光调整和音效设计，剧中可以突出展示角色情感高潮或转折点，从而更深刻地触动观众的情感。观众互动是增强情景剧效果的重要方式之一。通过让观众参与到剧情中来，如提出问题、参与讨论或互动环节，可以增强他们的参与感和体验度。例如，剧中可以设置角色与观众的对话环节，让观众与演员互动，分享他们的看法或体验，从而更深入地理解心理健康问题，寻找解决途径。

校园心理情景剧的表演和演出通过综合运用演员的角色扮演、精心设计的舞台效果和观众互动，有效地传达心理健康教育信息，引发观众对心理问题的关注和思考。这种艺术形式不仅具有教育性和启发性，还能够通过情感共鸣和互动体验，深刻地影响校园内的学生和教职员工。

三、心理健康主题班会的组织实施

（一）心理健康主题班会的特点

1. 互动性

心理健康主题班会的特点之一是强调互动性，这种互动性不仅仅是简单的信息传递，更重要的是促进学生之间、学生与教师之间以及学校与家庭之间的有效沟通和互动。

心理健康主题班会通过各种互动形式，如小组讨论、角色扮演、情景模拟等，激发学生的参与和分享。例如，可以组织学生在小组内讨论特定的心理健康话题，如如何处理学习压力或人际关系问题。通过这种形式，学生可以分享彼此的经验和看法，不仅加深了对话题的理解，也增强了团队合作和沟通能力。

互动性还体现在学生与教师之间的积极互动。教师在班会中扮演着引导者和倾听者的角色，他们能够通过引导提问、分享个人经历或心得，促进学生的自我反思和情感交流。例如，教师可以分享自己在处理压力时的策略，激励学生尝试新的解决方法。心理健康主题班会也鼓励学校与家庭之间的互动和支持。

通过邀请家长参与班会或通过家长通讯途径传达班会内容，学校可以扩展心理健康教育的影响力，促进家庭和学校在心理健康教育方面的合作。例如，班会可以分享如何在家庭环境中营造积极的心理健康氛围，家长可以通过学校的建议和指导，支持学生在情感和心理上的成长。

心理健康主题班会的互动性贯穿于整个实施过程，通过多方参与和积极交流，促进了学生的心理健康意识和应对能力的提升。这种互动性不仅使班会内容更加生动和实用，也为学校和家庭提供了有效的合作平台，共同关注和支持学生的心理健康成长。

2. 体验性

心理健康主题班会的另一个显著特点是体验性，这种特性通过实践性的活动和情感体验来帮助学生更深入地理解和应对心理健康问题。体验性活动包括角色扮演、情景模拟和实地体验等形式，通过这些活动，学生可以直接参与和亲身体验心理健康问题的具体情境。例如，可以安排学生在模拟情景中扮演不同角色，如心理咨询师、抑郁症患者或焦虑症患者，以此来理解不同情绪状态下的挑战和应对方法。这种实践性的体验能够让学生更加深入地感受和理解心理健康问题的复杂性。

体验性还体现在情感上的共鸣和反思。通过分享个人经历、情感表达或情感故事，学生可以深入探讨心理健康话题，并在情感上产生共鸣。例如，组织学生分享自己在面对挑战时的情感变化和应对策略，这种亲身经历和情感表达不仅能够促进学生之间的情感联系，也能够启发他们对心理健康问题的个人反思和理解。

体验性活动还可以通过艺术形式，如绘画、写作或音乐表达，来帮助学生表达内心感受和情绪体验。例如，可以组织学生进行情感主题的绘画比赛，或是通过音乐创作来表达对心理健康问题的认识和情感体验。这种艺术形式不仅能够激发学生的创造力和表达能力，还能够增强他们对心理健康话题的深刻理解和关注度。

心理健康主题班会通过体验性活动和情感体验，使学生在认知、情感和行为层面上都能够更加全面地理解和应对心理健康问题。这种体验性不仅丰富了班会的形式和内容，也为学生提供了实践和情感成长的重要平台，帮助他们在心理健康教育中得到更加全面和深刻的体验和启发。

3. 分享性

心理健康主题班会的另一个特点是分享性，这种特性通过鼓励学生分享个人经历和观点，促进了开放性的讨论和深入的学习体验。例如，可以邀请学生分享他们在面对压力时的应对策略，或是分享他们如何帮助身边朋友克服情绪困扰的经历。这种分享不仅能够帮助其他同学从他人的经验中获得启示，也能够增强班级的凝聚力和理解力，共同探讨心理健康问题的多样性和复杂性。通过这种开放式的分享平台，学生们能够感受到彼此的支持和理解，同时也有机会从他人的经历中学习和成长。

（二）心理健康主题班会的组织与实施

1. 以大学生的心理动态及现实需求为出发点，有针对性地确立和策划班会的主题与内容。

　　心理健康主题班会的组织与实施应当以大学生的心理动态和现实需求为出发点，确立具有针对性的主题和内容。例如，可以策划关于应对学业压力、人际关系挑战、职业发展困惑等与大学生日常生活密切相关的主题。通过这些主题的选择，能够直接触及到学生们可能面临的心理健康问题，引导他们更好地理解和应对这些挑战。例如，可以组织讨论如何在高强度学习压力下保持心理健康，或是如何处理人际冲突和建立健康的人际关系。通过确立这些具体而贴近生活的主题，心理健康主题班会能够有效地提升学生的心理健康意识和应对能力，帮助他们在大学生活中更加健康和成功地成长。

　　2. 根据大学生的心理和年龄特点，选择适当的组织形式加以实施。

　　根据大学生的心理和年龄特点，选择适当的组织形式对心理健康主题班会的成功实施至关重要。大学生通常处于心理发展和成熟过程中，他们可能面临的挑战和需求与其他年龄段的人群有所不同，因此需要特别关注他们的交流偏好、学习风格和情感表达方式。

　　可以采用小组讨论的形式。大学生更倾向于在小组中进行深入的交流和思想碰撞，不仅能够促进他们之间的互动和合作，还能够激发他们的思维力和创造力。例如，可以将大学生分成小组，让他们就特定的心理健康话题展开讨论，分享个人观点和经历，并提出解决问题的策略和建议。

　　互动性游戏和角色扮演也是一种有效的组织形式。通过这些活动，可以让大学生在轻松愉快的氛围中体验和模拟真实生活中可能遇到的心理健康挑战，例如如何处理压力、情绪管理和有效沟通等。这种实践性的体验能够使他们更加直观地理解和应对心理健康问题。

　　使用现代技术和媒体也是有效的组织形式。考虑到大学生对技术的接受程度和喜爱，可以利用在线平台、社交媒体和多媒体资源来进行心理健康主题班会。例如，可以通过在线讨论、视频分享或虚拟现实体验，让学生在自己感兴趣的时间和方式下参与到心理健康教育中来。

　　选择适当的组织形式是确保心理健康主题班会成功实施的关键。这些形式不仅能够充分考虑到大学生的心理特点和年龄特征，还能够提升他们的参与度和学习效果，有效地促进他们的心理健康成长和发展。

3. 合理利用心理辅导的技术，扩大心理健康主题班会的参与广度，增强大学生的参与意识，提高主题班会的实效性。

为了扩大心理健康主题班会的参与广度并增强大学生的参与意识，可以合理利用心理辅导的技术和工具，提高主题班会的实效性。

一种有效的方法是引入在线心理健康平台或应用程序，这些平台可以提供各种工具和资源，帮助学生在更灵活的时间和地点参与心理健康主题班会。例如，可以利用在线会议软件如 Zoom 或 Teams 进行虚拟主题班会，使得不同地点或不同时间段的学生都能参与其中。这种方式不仅方便了学生的参与，还可以通过多媒体共享、小组讨论功能等增强互动性和实效性。

一些心理健康应用程序也提供了个性化的心理评估、自助心理健康教育课程和即时咨询服务，帮助学生在日常生活中更好地管理和提升自己的心理健康水平。

可以结合社交媒体平台，如 Facebook 群组或微信公众号，建立一个专门的心理健康主题班会社群。通过这些平台，可以定期发布心理健康资讯、分享成功案例和鼓励学生互相支持和交流。例如，可以组织线上心理健康话题讨论或每周心理挑战活动，激发学生的参与和学习兴趣。

合理利用现代心理辅导技术和工具可以有效地扩大心理健康主题班会的参与度，增强大学生的参与意识和主动性。通过利用在线平台和社交媒体，可以创造更加便捷和互动的学习环境，提高主题班会的实效性，使得更多学生能够受益并积极参与到心理健康教育中来。

第五章　学生心理健康咨询

第一节　心理咨询的过程

心理咨询过程具体是指心理咨询员与来访者接触，且对来访者实施辅导与咨询，解决来访者心理问题的过程。

一、心理咨询

在大学开展心理咨询是促进学生健康发展的一项重要措施。大学生在学习、生活、情感和人际交往中会遇到许多小问题，个别人还患有心理障碍，帮助大学生解决这些问题是作为心理咨询员的教师应尽的职责。要达到这种目的，教师必须具备心理咨询的技能，在心理咨询中坚持正确的指导原则，只有这样教师才能充当起学生的心理保健医生。由于成长阶段的不同，对大学生的心理咨询尤为重要，因此重点讨论一下大学生的心理咨询。

（一）大学开展心理咨询的意义

大学生的学习活动、生活内容和范围均发生了明显的变化，这些变化与身心的变化一起把大学生推向人生的十字路口。他们面临着许多选择和适应的问题，这些成长带来的问题集中体现在大学生的一般心理特点上，表明了他们处于人生发展的关键期，在这种客观条件下，心理问题比较多，加之进入新环境心理上的闭锁性，决定了他们不会轻易与人敞开心扉、倾吐郁闷。这些极易使他们出现心理问题，若不能得到及时解决，会产生心理困难，导致心理障碍。学校开展心理咨询，对大学生的心理问题予以咨询，可以帮助其解除心理上的困难，促使其心理健康发展。大学开展心理咨询的意义主要表现在以下几个方面。

1. 改善大学生的成长环境

影响学生成长的环境因素主要有家庭、学校与社会。大学生的健康成长也离不开这三者的协调一致。协调一致的结果是为大学生营造良好的成长环境，为发挥教育的合力作用创造条件。开展心理辅导与咨询，争取社会上有关机构的支持，对学生的心理健康发展是有利的。学校向学生宣传心理卫生知识，有助于学生对社会的影响有正确判断与取舍，学生心理的免疫力得到增强。开展心理辅导与咨询活动，可为教师提供新视野，有利于教师纠正自身违反心理卫生原则的错误认识与做法，改进管理方法，提高教育效果。改善同学间的关系与心理气氛，为学生的健康成长提供有利的人际交往条件。向家长宣传介绍心理健康知识，有利于融洽与子女的关系、协调家庭气氛，提高家长的文化心理素质。

2. 促进学生形成健康的心理

向学生普及心理健康知识，使他们有心理自我保健的意识，学会正确的自我评价、掌握自我调节的方法，就会使他们处事不烦、遇险不惊。在人际交往中能从个体需要和身心特征出发，与人进行信息交流和情感沟通；同时又能从团体气氛中、社会文化传统方面谋求改善环境。这样可以为减少人际交往障碍奠定基础。

3. 预防出现严重心理偏差

当一个人能生活得充实，有良好的人际关系，掌握自我保健的技术，则能够有效地预防心理出现偏差。若感到自身有无法解决的心理矛盾时，有人能及时给予帮助，那么出现心理偏差的可能性就很小。即使少数学生出现心理偏差，通过有效的心理辅导与咨询活动，这种心理偏差就可以得到纠正，也就不会出现严重的心理偏差。因此，学习和掌握自我调适的技术，提高心理耐受力，塑造良好的心理素质也很重要。

（二）心理咨询员的素质和条件

学校心理辅导与咨询是一项技术性较强的工作，也是一项复杂、艰巨的活动。对咨询人员的职业道德、知识结构、心理品质有着较高的要求。我国的心理辅导与咨询刚起步，目前要求全部由专职人员从事学校心理辅导与咨询是不切实际的，只能由广大辅导员来充当，但这并不意味着可以降低对于心理辅导和咨询人员的素质要求。结合国内外的材料，从事心理辅导和咨询的人员应该具备以下条件。

1. 高尚的职业道德

高尚的职业道德是做好本职工作必备的条件。针对心理咨询人员来讲，首先要求咨询员要热爱心理咨询事业，必须对咨询与咨询工作有高度责任感和事业心，必须了解咨询工作的重大意义，认真、慎重地处置来访者所提出的每个问题。咨询员要对来访者满腔热情，用真诚和爱心与来访者建立良好的咨询关系。心理咨询过程还必须尊重来访者的人格，满足他们的合理要求，保护他们的利益，替他们保守秘密。以平等的态度对待他们，切不可以"说教者"自居。

2. 丰富的专业知识

要对学生进行心理辅导与咨询应具备哲学、教育学、社会心理学、学生心理学、教育心理学等方面的知识，还需要掌握心理辅导与心理咨询的理论。研究指出，大学生心理咨询人员必须具备下列专业知识：大学生心理学、学习心理学、教育心理学、群体心理学、教育学、心理辅导与咨询的理论与方法等。

3. 较强的能力与技能

作为咨询员必须具有基本的能力，如观察能力、人际交往能力、言语表达能力、解决问题的能力。从咨询的角度来看，咨询员必须掌握与人交往的技能、指导的技能和矫正的技能。

4. 完善的个性

从事心理辅导与咨询时，咨询员必须具有耐心、细致、不厌其烦的心理品质。要有自知之明，尤其在知道自己不能解决学生的心理问题时，能够及时建议其去找更为合适的专家。还需要有与人合作的精神，对学生进行心理咨询，需要学校与社会的有关人员参加，能与他们合作将会有助于提高咨询效果。

心理辅导与咨询人员必须事业心强，心理素质好，专业过硬，必须经过专门的培训后，才能从事学校的心理辅导与咨询工作。

（三）心理咨询的原则

学校心理辅导与咨询的原则是对心理咨询工作的基本要求，它是学校心理辅导与咨询工作的规律概括和经验总结，是保证心理辅导与咨询成功的前提和条件，对学校心理咨询工作具有指导意义。结合学生实际和有关专家的意见，咨询过程一般要遵循以下几项原则。

1. 坚持正面指导，促进发展的原则

帮助学生度过心理危机、促进他们更好地发展是心理咨询所需遵循的第一要旨。学生心理还不够成熟，他们的心理处在急剧动荡的状态和急速发展的过程中。咨询员既要理解学生，又要指出存在的问题，使学生感到教师能帮助他度过发展过程中的危机。针对学生存在的错误，咨询员不要随便附和，而应当实事求是地对问题进行分析，明辨是非，帮助他们改变看问题的角度，调整看问题的方法，建设新的思维模式。当然，这种工作绝不是板起面孔训人，更不是随便扣帽子，而是循循善诱，解开他们的思想疙瘩，找出问题的症结所在。对于一时难以改变的观念和习惯，也不必操之过急，可以逐步地加以开导和训练。

2. 重点与整体相结合的原则

心理咨询中重点与整体相结合的原则强调了在处理个体问题时，综合考虑其整体背景和环境的重要性。这一原则要求心理咨询师不仅关注客户提出的具体问题或症状，还要了解其个人特质、家庭背景、社会环境等因素，以全面理解和有效干预。例如，患有社会交往恐惧症的人往往伴有自卑的性格，所以除了解决社交恐惧症之外，还要帮助他们克服自卑的心理。

3. 从具体到一般的原则

大学生遇到的问题往往不具体，有时是很小的问题。在指导时切忌就事论事，而要从帮助他们解决问题入手，逐渐使他们学会把握问题的重点，进而培养他们解决问题和自我调节的能力。例如，在学习上，学生提问的内容会是为做不出高数题而苦恼，如果只帮助他们解题，那就无法达到心理咨询的目的。正确的做法是：在指导过程中要透过学生在解题中存在的困难，来窥视他们在学习上存在问题的根源，以便从学习方法与学习策略的高度来进行指导，以此达到提高学生学习能力的目的。

4. 保密原则

保密原则指不泄露被咨询或咨询员所谈的内容，不得对外公开被咨询员的姓名。学生来咨询的问题，有些涉及个人的隐私和生理上的缺陷，不让外人知道将有助于保护学生的自尊，也有助于他今后在班级、学校乃至社会中的名誉和前途。如学生的性障碍、性偏差等，这些内心的隐秘一旦被泄露，就很可能激化矛盾、引起事端，甚至有可能造成来访者的绝望和轻生。对此，心理咨询员不可掉以轻心。因此保密原则是心理辅导或咨询的职业道德。做好保密工作是教师应尽的职责。做好保密工作将会增加当事人对咨询员的信任感。

(四) 心理咨询的内容

1. 人际交往咨询

良好的人际关系能消除人的孤独感，缓解心理压力，培养自尊心与自信心，提高社会价值感，增加社会适应力。

学生应学会处理好与家长、教师的关系，学会在尊重家长、教师的前提下与师长进行平等交换意见的能力。切不可以简单粗暴的反抗来争取"独立"。

学生还面临着如何与同伴相处的任务。大部分学生有获得友谊的愿望，希望扩大交往圈子、广交朋友，在交往中相互学习、相互帮助。因此他们在意自己是否被人喜欢，是否被朋友接纳。学生要注意增加与人交往，扩大活动的范围，寻找可以倾心交谈的伙伴，但须慎重选择朋友。

2. 耐受挫折的咨询

学生的理想与现实之间往往会产生一定的矛盾。学会正视这些矛盾，妥善处理这些矛盾，是促进心理健康的保障。为此学生应做到以下四个方面。

第一，养成豁达、乐观的性格。面对困难与矛盾不唉声叹气，而是勇敢地面对它们，找出解决问题的办法，相信车到山前必有路。这样人在困难、矛盾面前就不会惊慌失措。

第二，正确认识自己与社会，设置合理的目标。矛盾与失败的产生常常是自己不能正确认识社会造成的，为了减少矛盾，避免失败，必须通过实践和反省来增强自我认识。通过与社会的接触，阅读有关资料来认识社会，在此基础上设置合理的目标期待，这样就可减少欲求不达产生的挫折感。

第三，要提高自身能力，培养自己坚强的意志。在同样的困难面前，能力强且意志坚强的学生能较好地克服，反之则容易导致失败。要丰富自己的知识与方法。例如，面对学习压力，如果掌握了正确的学习方法，那学习的效果就会好，压力自然就不会觉得那么大。从实践中获得解决问题的能力，在克服困难中锻炼自己的意志力，这是克服理想与现实之间矛盾的最根本而有效的方法。

第四，学会自我调节，减少失败对自己心理的冲击。人的一生总要经历一定的失败与挫折。学会正确地对待失败与挫折是保持心理健康的重要内容。

大学生制定合理目标、提高能力、增加意志力、学会自我调节，是提高挫折耐受力的重要措施。有意识地利用上述措施，去面对失败和挫折，就能使学生避免过多地体验失败与挫折所带来的痛苦情绪，而不至于使自己消沉、沮丧。学会转移，积极地利用自我暗示等方法也是积极应对挫折、保持心理健康的重要手段。

3. 自我心理调适的咨询

有助于形成积极的自我形象，特别是树立自信心，充分看到自我的长处与力量，这是心理健康的重要源泉。当感到对自我、对生活不满意时，能调整不现实的生活目标，脚踏实地地提高自身的能力，改变自身的弱点。学会并掌握积极的自我暗示技术和修正消极的自我评价技术，是促进心理健康的重要保证。

4. 学习活动的咨询

学生的主要活动是学习，学习成绩的提高离不开学习动机的激发、学习方法的咨询以及自学能力的培养。

（1）学习动机的激发

学习动机是学习过程的核心，适合大学生激发学习动机的方法有：创设问题情境法，期待效应；归因的激励作用；奖励与惩戒的激励作用；目的的激励作用。激发学习动机就会驱动大学生克服困难、努力学习，养成学习的自觉性和主动性。

（2）学习方法的咨询

大学生的学习偏重自学，学习方法是保障学习效率提高的重要条件，一些学生因学习方法不正确而事倍功半，结果对学习产生厌倦感。学习方法的咨询包括课堂学习指导、维持注意力的方法以及完备学习用具等。

(3) 自学能力的培养

能力的培养、智力的开发是衡量教育的重要依据，同时也是学生学习的最终目的。大学生学习能力的提高主要在于掌握学习策略。大学生学习策略的提高依赖于认知的发展和自学能力的培养。

5. 青春期生活咨询

性的成熟和性道德法制观念薄弱的矛盾，思想不成熟、是非判断能力差与自我控制力差的矛盾，造成大学生特有的"青春期心理问题"。这些问题已影响学生的身心发展，有可能从个人问题演变成家庭问题、社会问题，因此已受到社会的广泛重视并加强了教育力度。但对于个体来讲，咨询是一种更为行之有效的方法。

（五）心理咨询的途径

1. 向教育行政决策人员宣传心理卫生的意义

向教育行政决策人员宣传心理卫生的重要性是推动学校心理咨询工作发展的关键一步。心理卫生不仅关乎个体的心理健康，也直接影响到整体教育环境和学生的学习成就。

心理健康问题的有效处理可以显著减少学生因情绪困扰而导致的学业问题和学习动力下降。通过提供及时的心理咨询服务，学校可以帮助学生有效应对考试压力、人际关系挑战和家庭问题，从而提升其学习效率和学术成绩。

心理卫生教育和咨询服务有助于营造良好的学习氛围和校园文化。通过向学生普及心理健康知识和情绪管理技能，可以提高整个学生群体的心理韧性和社会情感能力，减少校园暴力、欺凌行为等负面事件的发生。一些学校通过开展心理健康教育课程和定期举办心理健康主题活动，增强学生对心理健康问题的认识和重视，进而促进校园和谐与发展。

良好的心理卫生服务也是吸引和留住优秀教职员工的重要因素之一。提供良好的心理健康支持体系，能够有效减少教职工在工作中的心理压力，增强其工作满意度和工作效率。一些学校通过为教职员工提供心理咨询服务和心理健康培训，帮助他们更好地管理工作压力，提升教学质量，从而间接提升了整体教育质量和声誉。

因此，通过向教育行政决策人员深入解释心理卫生对学校发展的多重积极影响，可以促进他们在预算分配、政策制定和资源配置上更多地关注心理咨询工作的重要性，从而推动学校心理健康服务的全面发展与提升。

2. 调动广大教师参与心理咨询工作的积极性

在学校的教育体系中，教师与学生接触是最直接、最频繁的。虽然广大教师无法像心理学工作者那样自觉而有效地帮助学生解决心理问题，但他们的一言一行对学生的心理会产生重要的影响。因此，向教师普及心理健康知识，让他们在教育、教学工作中，自觉地贯彻心理咨询的原则，把它们渗透到教育教学工作中是促进学生心理健康的保障。

3. 利用多种形式向学生普及心理健康知识

普及心理健康知识是促进学生心理健康的基础。大学生正处在长知识、长身体的时期，他们对外界、对自己都有探索的愿望。可以通过开办讲座、设置课程，或通过第二课堂、团队活动等方式，开展心理卫生知识的普及工作，让每个学生都能正确地认识自己、认识社会，妥善地处理自身遇到的心理问题。当自己无法解决时能及时地向有关人员求助，这将有力地促进学生的心理健康。

二、心理咨询过程分析

心理咨询是运用教育心理学、心理卫生学、心理咨询的理论，设计良好的心理环境对来访者实施心理认知干预，以期使来访者的认知、情感和行为发生变化的过程。心理咨询过程主要包括以下四个方面。

（一）建立关系

辅导或咨询人员与来访者之间应建立一种相互信任、相互尊重和心理互动的特殊人际关系，它既是这一阶段的任务也是心理辅导与咨询过程的开始，咨询人员与来访者开始进入不同角色之中。建立关系阶段旨在建立咨询师与客户之间的信任和理解，为后续的问题探索和治疗打下基础。

建立关系的过程通常从建立安全、支持性的环境开始。这意味着咨询师需要通过倾听、理解和接纳客户的方式来营造一个开放的沟通氛围。例如，当一位大学生首次就心理压力问题来咨询时，咨询师可能会通过简单而有效的非言语技巧，如眼神接触和身体语言，来表达关注和支持，从而帮助客户感到安全和舒适。

建立关系阶段还包括详细的初步评估，以理解客户的背景、目标和期望。例如，在一位客户报告情绪波动时，咨询师可能会询问他们的家庭背景、社交环境和个人生活方式，以便全面了解导致问题的可能因素。这种信息收集有助于咨询师制定个性化的治疗计划，并为客户提供定制化的支持和建议。

建立关系的过程也涉及到建立共同目标和期望。例如，当咨询师与一位学生讨论关于焦虑管理的目标时，他们可以共同制定短期和长期的治疗目标，如提高应对压力的技能或改善情绪调节能力。明确和共享这些目标可以增强客户的参与感和治疗动力，促进治疗过程的持续进行和成功实现。

建立关系阶段在心理咨询过程中扮演着至关重要的角色。它不仅为后续的干预和治疗奠定了基础，还为客户和咨询师之间的合作和信任建立了坚实的桥梁，从而有效地推动心理健康问题的解决和个体成长。

（二）收集信息

在心理咨询过程中，收集信息阶段是为了深入了解客户的问题、背景和情境，从而为后续的评估和干预提供必要的基础。这一阶段不仅限于收集客户的表面信息，还包括深入探索其心理、情感和行为模式，以便制定个性化的治疗计划。

收集信息通常涉及使用多种方法来获取客户的相关数据和背景信息。咨询师可以通过面对面的结构化面谈或使用标准化的心理评估工具，如心理量表或问卷调查，来获取客户的主观感受和客观数据。例如，一位大学生在咨询中表达了对未来方向的焦虑，咨询师可以通过一系列问题和量表来深入了解他们的具体焦虑症状、情绪反应及其对日常生活的影响。

收集信息阶段还包括探索客户的生活背景、家庭环境、社会关系及其他影响因素。例如，一位咨询师在与一位青少年的初次会议中可能会询问其家庭动态、学校情况以及与同龄人的关系，以便全面了解可能影响到青少年情感健康的各种因素。

有效的信息收集还需要咨询师与客户建立开放和互信的沟通。通过倾听、理解和共鸣，咨询师能够更好地捕捉客户的核心问题和情感状态，从而为后续的干预提供更有针对性的建议和支持。

收集信息阶段不仅是心理咨询过程的基础，也是确保个性化治疗方案有效性的关键一环。通过系统性地收集和分析客户的信息，咨询师能够更准确地诊断问题根源，并为客户提供符合其需求和情境的个性化治疗方案。

（三）诊断分析提出辅导与咨询的目标

1. 心理诊断

心理诊断在心理辅导与咨询过程中扮演着关键角色，它旨在帮助咨询师全面理解客户的心理健康问题，并为制定有效的治疗目标和策略提供依据。心理诊断不仅限于确定客户的具体症状或问题，还涉及对背景因素、个性特征和心理机制的综合评估。

心理诊断通常通过多种信息来源进行。例如，咨询师可能会结合客户的自述、心理评估工具的结果以及可能的第三方观察或报告，来形成一个全面的诊断图景。例如，一位青少年因学习压力而表现出情绪波动和社交退缩，咨询师可以通过与学校老师和家长的沟通，使用情绪评估工具，来确认其可能的焦虑和抑郁症状以及导致这些症状的根源。

心理诊断涉及到对客户个体特质和心理机制的理解。例如，一个成年人在咨询中表达了长期的决策困难和自我怀疑，咨询师可能会通过使用人格测验或深入的探索性面谈来评估其可能的人格特征和认知偏差，以帮助揭示其问题的深层次原因。

心理诊断的目标是为制定有效的治疗和干预方案提供指导。通过准确的心理诊断，咨询师能够更好地理解客户的需求和面临的挑战，并据此设定具体的治疗目标。例如，如果一个年轻人被诊断出有社交焦虑症，咨询师可以根据诊断结果制定一套治疗计划，包括社交技能训练、认知重构和情绪调节技巧的实施，以帮助他逐步克服焦虑并提升社交能力。

心理诊断是一项复杂的工作，它是正确咨询和治疗的前提，目前已形成较为科学的测量法，包括个案法、智力测量法、投射法等。各种方法的综合使用极大地提高了对学生心理问题诊断的科学性，相关问题将在下一章详细论述。心理诊断在心理辅导与咨询中是一个至关重要的步骤。它不仅有助于确诊客户的心理健康问题，还为制定个性化和有效的治疗方案提供了科学依据，以确保咨询过程的成功和客户心理健康的持续改善。

2. 提出心理咨询的目标

心理咨询的目标在于帮助个体克服心理困难、提升心理健康，并在日常生活中取得更好的适应性和功能性。这些目标根据客户的具体需求和诊断结果而有所不同，但总体上包括多个关键方面。

心理咨询的一个主要目标是提升客户的心理健康水平。例如，当一个人面临长期的焦虑和压力时，咨询师的目标可能是帮助他学会有效的应对策略，如深度呼吸、放松技巧或者认知重构，以减轻焦虑症状并提升整体的情绪健康水平。

心理咨询的目标包括增强客户的自我认知和心理调节能力。通过探索客户的思维模式、情绪反应和行为习惯，咨询师帮助客户更好地理解自己，并学会有效管理和调节自己的情绪和行为。例如，一个青少年可能在咨询中学习如何辨别和调整负面自我评价，以改善自尊和自信。

心理咨询还致力于改善客户的人际关系和社交技能。通过角色扮演、沟通技巧训练或者家庭治疗，咨询师可以帮助客户改善与他人的交往方式，从而增强社会支持系统和减少人际冲突。例如，一对夫妻可能在咨询中学习有效的沟通技巧，以改善彼此之间的理解和互动。

心理咨询的目标也包括帮助客户实现个人成长和发展。通过设定明确的目标和行动计划，咨询师与客户共同努力，以促进客户在工作、学习和日常生活中的个人成就和满意度。例如，一位职场新人可能在咨询中设定职业发展目标，并学习如何管理工作中的压力和挑战，以提升职业生涯的成功度和满意度。

心理咨询的目标是多维的、个性化的，并致力于帮助客户在心理健康、人际关系、自我认知和个人成长等方面取得持久和积极的改变，从而实现更加健康和有意义的生活。

(四) 实施心理干预

这是心理咨询的关键性阶段，表现为来访者的心理问题得以解决，心理障碍得到矫治，咨询过程准备结束，包括接受咨询与准备结束两个阶段。

1. 接受咨询

在实施心理干预的过程中，客户的接受和参与是确保干预效果的关键因素之一。接受咨询不仅仅意味着客户出席对话，更涉及到他们在咨询过程中的积极参与和情感投入。

接受咨询意味着客户对心理咨询过程有一个基本的理解和期望。例如，一位青少年可能在咨询前对自己的社交焦虑感到困惑和沮丧，但通过朋友或家长的建议，他愿意尝试寻求专业帮助。在第一次咨询中，咨询师通过详细的介绍和逐步解释咨询的工作方式和可能的效果，帮助客户建立起对咨询过程的信任和期待。

接受咨询包括客户在咨询中展示出的主动参与和开放性。这种参与可以体现在客户愿意分享个人经历、感受和问题上。例如，一位成年客户在咨询中可能会讨论工作压力带来的情绪困扰，而他对咨询师的信任和开放性则可能表现为分享他的情绪反应和应对策略，以便咨询师能更好地理解问题的本质和深层次原因。

接受咨询还包括客户对咨询师提供的建议和技术的接受程度。例如，在咨询师建议下，一位家庭中存在沟通障碍的客户可能会尝试使用新的沟通技巧来改善家庭成员之间的交流，而他的成功与否则取决于他的积极实施和反馈。

接受咨询也意味着客户在整个干预过程中的坚持和承诺。心理咨询往往需要时间和努力来实现可持续的改变，客户的长期参与和积极反馈是确保干预有效性的关键。例如，一个正在应对抑郁症的客户可能需要定期参与咨询，并在咨询师的指导下实施行为活动调节和认知重建，以改善情绪状态并提升生活质量。

客户的接受咨询不仅仅是出席咨询会话，更是一种积极的参与和合作精神。通过建立信任、开放沟通和持续投入，客户能够更好地利用心理咨询的资源和支持，从而实现更健康和满意的生活状态。

2. 结束阶段

（1）综合所有资料，做出结论性的解释

在整个心理咨询过程中，咨询员应随时从来访者那里获取心理资料，据以掌握来访者的心理反应模型，并不断给予来访者解释、说明，使其了解自己的行为方式，帮助其自我领悟，促使其学习新的反应方式。到了咨询结束之前，咨询员与来访者做一次全面性的研究讨论，综合所得资料做出结论性解释是相当必要的。因为，这种综合性的评语、建议，容易使来访者铭记在心，作为其一生的座右铭，可以诱导他掌握处世待人的心理方向，帮助其不断成熟。

（2）帮助来访者举一反三，学习应用咨询经验

心理咨询的最终目的是希望来访者能把在咨询过程中所学习到的新知识、领会与经验应用于日常生活里，更希望来访者以后不经咨询员指点、引导与帮助，自己也能帮助自己继续学习、发展、走向成熟，这才是咨询的最终目标。因此在结束阶段，咨询员要向来访者指出他在咨询中已达到的程度，向其指出还有哪些应注意的问题；还应帮助来访者重新回顾咨询的目标、领悟的认知过程、解释的要点，帮助检查咨询目标的实现情况，进一步巩固咨询所取得的成果。在结束阶段，咨询员宜渐渐退出咨询员的角色，采取比较被动的角色，让来访者自己扮演独立、自主、积极的角色来改善自己的心理状况。

（3）准备结束，接受离别

心理辅导和咨询分为四个相互联系的阶段：一是建立关系的阶段；二是收集信息的阶段；三是诊断分析的阶段；四是实施干预的阶段。其中前两个阶段为第三阶段提供前提和条件，第四阶段是前三个阶段的结果。四个阶段的具体任务不同，彼此间是有机联系的整体，任何一阶段的削弱都会影响心理辅导与咨询的效果。

三、心理咨询基本技巧

（一）会谈的一般问题

在心理咨询中，有效的会谈技巧对于建立信任和实现治疗目标至关重要。会谈的一般问题涵盖了咨询师在与客户交流过程中应注意的关键点，从开放性问题

到情绪反应的处理，都能有效地促进会话的深入开展和有效性。

开放性问题是会谈中的基础。这些问题通常以"什么、为什么、如何"等开头，鼓励客户展开讨论并深入探索他们的想法、感受和经历。例如，当一个客户表达了焦虑的情绪时，咨询师可能会问："你觉得最近是什么事情导致你感到如此焦虑？"这种开放性问题不仅帮助客户更清晰地表达问题，也为咨询师提供了更多信息来理解客户的内心世界。

封闭性问题在特定情况下也是必要的。这些问题通常可以通过简短的肯定或否定回答来确认客户的具体经历或感受。例如，当咨询师需要确认客户的具体情况或某种经历时，可以问："你是否曾经有过类似的经历？"这些问题有助于确定客户的具体情境或过去经验，为进一步探讨提供了基础。

倾听和反馈是有效会谈的关键组成部分。咨询师需要倾听客户的话语，并通过言语和非言语的方式传达理解和同情。例如，当客户描述了他们的情感困扰时，咨询师可以使用肯定性的非言语反馈，如点头或眼神交流，以示理解和支持。这种反馈不仅加强了咨询师的倾听能力，还有助于建立客户与咨询师之间的信任和联系。

处理情绪反应是会谈中的关键技能之一。客户可能会在会谈中表达各种情绪，如愤怒、悲伤或焦虑。咨询师需要学会有效地处理这些情绪，以确保会话的进行和客户情绪的稳定。例如，当客户表达愤怒或情绪激动时，咨询师可以使用冷静和理性的语气来平息客户的情绪，并引导客户逐步深入探讨背后的原因。

心理咨询中的会谈技巧涉及到开放性问题的使用、封闭性问题的适时应用、倾听和反馈的技能以及处理情绪反应的能力。这些技巧不仅帮助咨询师有效地引导和管理会话，还为客户提供了一个安全和支持的环境，以便他们更好地探索和解决心理健康问题。

（二）会谈技巧

1. 语言技巧

在心理咨询中，语言技巧是有效沟通和建立良好关系的重要组成部分。以下是一些关键的语言技巧，它们帮助咨询师与客户之间建立互信并促进深入的交流和理解。

清晰而简洁的表达是语言技巧的基础。咨询师应避免使用过于专业或复杂的术语，而是采用容易理解和自然的语言，以确保客户能够准确理解并积极参与会话。例如，当讨论客户的情绪体验时，咨询师可以用直接而简明的语言询问："你最近感觉如何？有什么情绪或想法在你心里占据主导吗？"

倾听技巧是有效沟通的核心，包括积极倾听、理解和回应客户的言语和情感。咨询师可以通过肯定性的回应和反馈来表达倾听的能力，如使用"我明白你的感受"或"我能理解你的担忧"。例如，当客户分享了他们的挑战或情感困扰时，咨询师可以回应："我能感受到这对你来说是一个非常重要的问题。"

开放式问题有助于深入探索客户的内心世界和经历。这些问题鼓励客户开放心扉，详细描述他们的感受、想法和经历，从而帮助咨询师更好地理解问题的本质和背景。例如，咨询师可以问："你觉得这种情绪什么时候开始出现？有什么具体的事件或触发因素吗？"这种开放式问题不仅促进了深入的探讨，还为客户提供了一个分享和理解自己的平台。

反馈技巧是确保有效沟通的关键。咨询师可以通过反映客户的感受和观点来加深理解，并确保客户知道他们的言语和情感得到了咨询师的重视。例如，当客户描述了他们的情感体验时，咨询师可以简洁地总结："所以你说，当你遇到这种情况时，你感到很沮丧，是吗？"这种反馈不仅验证了客户的表达，还为进一步探讨和处理问题铺平了道路。

语言技巧在心理咨询中扮演着关键角色，它们通过清晰表达、倾听、开放式问题和有效的反馈，帮助咨询师与客户之间建立信任和理解，从而促进有效的治疗和成长。

2. 提问技巧

（1）开放式的提问

在心理咨询中，开放式的提问技巧是促进深入探讨和客户自我探索的重要工具。相比于封闭式的问题，开放式的提问能够激发客户自由地表达内心感受、想法和经历，从而帮助咨询师更全面地理解和支持客户。开放式的提问通常以"什么、如何、为什么"等开放性词语开头，鼓励客户详细描述他们的感受和体验，而不是简单的肯定或否定回答。这种方式有助于客户深入思考和表达，同时为咨询师提供了更多的信息来理解问题的本质和背景。

例如，当客户表达情感困扰时，咨询师可以使用开放式的提问来引导对话：

"你能告诉我，最近你感觉到的压力是什么样的？"

"你觉得这种情绪是如何开始的？"

"在你生活中的哪些方面，这种感觉最为明显？"

通过这些开放式问题，咨询师不仅可以了解客户目前的情绪状态，还能够探索其背后的根源和触发因素。这种深入的探索有助于客户更清晰地认识和理解自己的内心世界，从而为心理健康问题的处理和解决提供更有针对性的支持和指导。

开放式的提问还能够帮助客户探索新的视角和解决方案。通过促使客户描述问题的不同方面和可能的解决方法，咨询师可以激发客户的自我探索和自我启发。例如，当客户谈到工作中的沟通问题时，咨询师可以问："你觉得可能会有什么方法可以改善你与同事之间的沟通？"这种提问鼓励客户思考和探索解决问题的可能途径，从而增强其解决问题的能力和信心。

开放式的提问技巧在心理咨询中是一种强大的工具，它通过促进深入的探讨和自我探索，帮助客户更好地理解和处理其心理健康问题。咨询师的巧妙运用开放性问题，不仅能够与客户建立更深厚的信任关系，还能够为客户提供更有效的支持和帮助。

（2）封闭式的提问

封闭式的提问技巧在心理咨询中同样具有其独特的作用和价值。相对于开放式问题，封闭式问题通常可以用简短的肯定或否定回答来确认客户的具体情况或经历，有助于咨询师获取更具体和明确的信息。

在心理咨询中，封闭式问题常常用于确认事实、获取客户的具体反应或确保对话重点明确。例如，当客户描述了一个具体的事件或情景时，咨询师可能会问："这个情况发生在上个星期二对吗？"或者"你是否感到这种情绪是最近才开始的？"这些问题帮助咨询师建立起对客户经历的基本了解，并且可以帮助客户回顾和澄清具体的情境。

封闭式问题还可以用来澄清客户的确切感受或想法，从而帮助咨询师更准确地理解客户的内心体验。例如，当客户提到感到焦虑时，咨询师可以进一步询问："你感到焦虑时，通常会有什么具体的身体感觉？"或者"你认为这种焦虑情绪是持续的，还是只在某些特定情况下出现？"这些封闭式问题帮助客户更具体地描述其情绪体验，有助于咨询师识别和探索问题的具体细节和特征。

封闭式问题在某些情况下还可以用来引导客户的思考和注意力，确保对话保持在问题的核心上。例如，当客户在谈论他们的目标或期望时，咨询师可以问："你觉得哪一个方案更适合你的当前情况？"这种封闭式问题引导客户专注于选择和决策的具体选项，有助于客户更清晰地思考和制定行动计划。

封闭式的提问技巧在心理咨询中具有重要的作用，它通过简明扼要的回答帮助咨询师获取特定和具体的信息，有助于建立客户的自我认知和解决问题的能力。与开放式问题相结合，封闭式问题能够有效地促进对话的深入和客户的理解，从而支持客户在心理健康领域中的进步和成长。

第二节　心理治疗的方法

一、心理诊断方法

（一）个案法

1. 个案法的定义

个案法又称为个案研究法或个体研究法，是心理学和心理治疗领域中常用的一种方法。它通过深入研究个体的心理和行为特征，旨在理解和解释个体的心理问题、行为模式和情感体验。个案法强调个体的独特性和复杂性，与统计方法和实验方法相比，更注重深入的个体分析和细致的观察。在心理诊断中，个案法通常被用来收集详细的个体信息，包括个体的家庭背景、成长经历、社会环境、情感体验和行为反应等。通过分析这些信息，心理专家可以揭示个体心理问题的根源和发展轨迹，从而制定个性化的治疗方案和干预措施。假设一个心理咨询师在与一位抑郁症患者进行个案法评估时，会详细询问患者的早期生活经历、家庭关系、个人挫折经历以及目前的情感状态。通过对这些信息的分析和理解，咨询师可以逐步揭示出患者抑郁情绪的可能根源，如童年时期的家庭冲突、学校适应问题或人际关系困扰等。这种深入的个案分析有助于咨询师制定针对性的治疗方案。例如，通过认知行为疗法来解决患者负面思维模式，或通过家庭治疗来改善家庭互动。

个案法作为心理诊断方法的一部分，通过深入研究和分析个体的心理和行为特征，为心理专家提供了深入理解和干预个体心理问题的重要工具。通过个案法，心理专家能够更全面地理解每个个体的独特情况，从而为其提供更为有效和个性化的心理治疗服务。

2. 个案的资料

在心理治疗中，个案的资料是指收集和记录关于个体的各种信息和数据，用于全面评估和理解其心理健康状况及相关问题的详细描述。这些资料可以包括客户的个人背景、情绪状态、行为模式、心理测试结果、治疗进程记录等，有助于心理专家制定有效的治疗方案和进行持续的评估与调整。举例来说，当一位心理咨询师接手一个焦虑症患者的案例时，收集的个案资料可能涵盖以下几个方面。

1 个人背景信息：包括患者的基本资料（如年龄、性别、职业等）、家庭背景（家庭成员、家庭氛围）、教育背景（学历、学习经历）以及社会关系（亲密关系、社交圈子等）。这些信息帮助咨询师了解患者的生活环境和主要生活事件，从而更好地理解其处境和情绪反应。

2 情绪和行为记录：咨询师可能会让患者记录其每日情绪波动、焦虑程度和触发情境。这些记录可以帮助评估焦虑症状的频率和强度以及患者在不同情境下的应对方式和反应模式。

3 心理测试结果：包括心理测试如焦虑量表、抑郁量表等结果记录，有助于量化患者的心理状态和情绪波动，为治疗进程中的进一步评估提供客观依据。

4 治疗进程和反馈记录：包括记录治疗过程中的关键对话、客户的反馈和反应以及治疗目标的达成情况。这些记录不仅有助于跟踪治疗进展，还能帮助咨询师调整治疗策略和方法，以更有效地支持和帮助患者。

个案的资料在心理治疗中起着关键作用，通过收集和分析这些信息，心理专家能够全面评估个体的心理健康状况和相关问题，为制定个性化的治疗方案提供必要的依据和指导。

(二) 会谈法

1. 会谈法的定义

会谈一般有三种方式：标准化会谈、非标准化会谈和半标准化会谈。

标准化会谈，又称为结构式会谈，是按临床诊断要求，编制会谈或问题表，向病人依次提出问题。这种方式能够比较全面地收集所需要的资料。这种方法的优点是重点突出、方法固定、比较省时，其不足之处是较刻板，"是"或"否"的简单回答以及步步紧逼式的会谈有时会引起病人反感，无法取得全面而深入的详细资料。

非标准化会谈，或称非结构式会谈，是使病人在自由谈话之中毫无戒心地倾吐自己的思想和情感。其优点是比较灵活，能随机调节会谈的技术和方法；但这种方式需要的时间比较多，容易顾此失彼。

半标准化的会谈方式，是把上述两种方式交叉结合应用，既按照预先准备的问题，但又不拘泥于固定的顺序或某种提问的方式。

总体说来，会谈时应当根据病人的性格、疾病种类及病情程度灵活选用上述方式，这样才能获得有益于评定当事人心理障碍性质的丰富资料。

2. 会谈关系的建立

会谈能否达到目的，取决于心理医师与病人之间建立起来的关系如何。建立良好的关系，需要心理医师采用恰当的方法。为获得真实的材料，在诊断性会谈中，应注意以下几个方面。

（1）前后联系

病人的异常心理总有其产生发展的过程，会谈中要注意病人现在的情况与过去有什么关系，有什么不同，是如何演变过来的。

（2）表里兼顾

有时病人谈吐与内心感受是一致的，有时并不完全一致。会谈时应从病人表面的谈吐与表现去体验病人内心的动机、欲望以及他的真实情感，既要察言观色，还要心理移位。

（3）主观和客观的关系

病人的异常心理变化多端，不能只从主观方面去体会病人的语言，还要用客观的态度去观察分析，了解其确切意义。

（4）特殊情况的处理

会谈中常常会碰到某些特殊的情况，还必须恰当处理这些情况，否则会影响会谈的顺利进行。例如，在会谈中，有时病人会出现"阻抗现象"，不愿让别人知道他的私事。这时可向病人讲述会谈的目的，打消他的种种顾虑。又如，部分病人文化水平低，会谈时就应当用通俗易懂的语言与他交谈，引导他倾诉心理方面的矛盾。

许多会谈内容是病人讲述的内容和会谈中引起注意的问题，诊断者对会谈内容要尽可能做详细记录。为了避免当事人对此产生误解，诊断者需要对当事人做详细的解释。根据会谈内容，参照有关资料，对病人的心理状态进行评定分析，提供诊断依据。

（三）观察法

1. 观察及其种类

观察法是心理学最常用的方法之一。它是有目的、有计划地观察病人的心理行为表现，如动作、姿态、表情、言语、内心体验、睡眠等，根据观察结果做出评定和判断。根据观察的侧重点不同，观察法可分为一般观察和重点观察。

一般观察，是对病人在某一段时期内的整个心理行为表现做全面的观察和了解。一般而言，观察方法涉及项目较多，观察所需的时间也较长。

重点观察，是对病人在某一段时期内的某种或某些心理行为的表现做重点的观察和了解，如智力活动、动作姿态、睡眠等的特殊观察。

观察是一种有计划、有目的、长时间的知觉过程，又是一门技术。为了获得翔实的材料，观察必须有明确的目的和计划，必须客观和精确，要反复多次，不能轻易根据某些偶然现象就做出结论。必要时，也可利用照相、录像、录音等现代化工具作辅助。

自然的心理状态不同于控制条件下的心理状态，不能做精确的重复观察，同时观察者的主观经验不一样，因而评定的结果经常出现分歧，所以观察法的运用具有一定的局限性。

2. 观察评定量表

观察评定量表是心理学和心理治疗中常用的工具，旨在系统地记录和评估个体在特定情境下的行为、情绪和反应。这些量表帮助心理专家客观地观察和测量个体的表现，从而提供对其行为和情绪模式的详细评估。观察评定量表通常设计精细，涵盖多个方面，以便全面了解个体的行为特征和心理状态。举例来说，一种常见的观察评定量表是儿童行为检查表（CBCL）。CBCL 适用于评估 3 岁至 16 岁儿童和青少年的行为问题和情绪困扰，包括内外化问题、社交问题和学术问题等。这个量表由父母或监护人填写，涵盖了多个行为维度，如侵害行为、焦虑抑郁情绪、社交问题以及整体的适应性和功能能力评估。通过 CBCL，心理专家可以获得关于儿童行为和情绪问题的详细信息，有助于诊断和制定干预措施。另一个例子是贝克抑郁量表（BDI），用于评估成人的抑郁症状程度。BDI 通过询问患者在过去两周内的情绪和生理反应，例如沮丧、自责感、睡眠问题等，来评估其抑郁症状的严重程度。这种观察评定量表提供了一个标准化的评估框架，帮助心理专家诊断和监测抑郁症患者的病情变化，以便调整治疗计划。观察评定量表的设计通常基于系统化的研究和临床经验，确保其具有良好的信度和效度，能够提供准确和可靠的评估结果。这些量表不仅在诊断和评估过程中起到重要作用，还能帮助心理专家在治疗过程中跟踪和调整治疗策略，以实现更有效的干预和支持。

观察评定量表作为心理评估的重要工具，通过系统化的观察和记录，为心理专家提供了深入理解评估个体行为和情绪的手段。这些量表的应用不仅有助于提升诊断的客观性和精确性，还能够支持个性化的治疗计划和长期跟踪评估，为个体的心理健康和发展提供持续的支持和帮助。

二、心理咨询与治疗的方法

心理咨询与治疗是相互联系的。在心理咨询时，往往包含着心理治疗。咨询侧重于认知的重构，治疗偏重行为的矫治。在前面章节中我们对咨询做了阐述，这里的方法侧重于治疗。常用的心理治疗根据对象不同通常可分为个别心理治疗和团体心理治疗两种。这里先介绍贯穿于个别治疗和团体治疗的一般性技巧，然后介绍个别治疗和团体治疗的具体操作过程。

（一）一般性心理治疗技巧概述

1. 一般性治疗技巧的含义

一般性心理治疗技巧，具有支持和加强病人防御机能的特点，使病人增强安全感，减少焦虑和不安。

为了使个别和团体治疗效果能达到预期目的，治疗前必须做好以下准备。第一，建立医生和病人的良好联系。这是心理治疗的基础，只有建立了这种良好的联系，才能争取病人的积极配合，确保治疗取得很好效果。第二，调查收集病史，全面了解其发病的社会心理背景，分清症状的主次，研究存在的各种矛盾。第三，做好周围人的工作，争取配合。第四，注意一定程度的保密。

2. 一般性治疗技巧的策略

一般性心理治疗技巧涵盖了各种策略和方法，旨在帮助心理专家与客户建立信任关系、深入理解问题并有效解决心理健康挑战。以下是几种常见的治疗技巧策略，这些策略通常在不同的治疗流派和技术中得到应用，并根据具体情况进行调整和组合。

建立良好的沟通和信任关系是心理治疗的基础。心理专家通过积极倾听、理解和尊重客户的感受和观点，来建立起一个安全、开放的治疗环境。例如，在初次会面时，咨询师可能会使用开放式问题，如"请告诉我你来这里的原因"，以促进客户分享其感受和期望，从而打开进一步的沟通。

倾听和反馈是有效治疗的关键。通过主动倾听和反馈客户的言语、情绪和身体语言，心理专家可以有效地了解客户的内心世界和情感体验。例如，当客户表达困惑或痛苦时，咨询师可能会使用确认性回应，如"我听到你感到很沮丧"，以示理解和支持。

进一步激励和强化有助于增强客户的自我效能感和治疗动力。通过赞美、肯定客户的积极努力和进展，心理专家可以激励客户继续追求目标和进行积极的行为改变。例如，当客户成功实施了一个新的应对策略时，咨询师可以积极反馈其努力，并鼓励客户继续坚持下去。

教育和信息传递可以帮助客户理解和应对心理健康问题。心理专家通过提供相关的心理知识、技能和资源，帮助客户增强问题解决的能力和自我管理的技能。例如，在治疗焦虑障碍的过程中，咨询师可能会向客户介绍深呼吸和放松技巧，并指导其如何在日常生活中应用这些技能来减轻焦虑。

一般性心理治疗技巧通过建立良好的沟通关系、运用有效的倾听与反馈、激励和强化积极行为以及教育和信息传递，为心理专家提供了丰富多样的工具和策略，帮助客户实现心理健康和个人成长的目标。

（二）心理治疗的常用方法

1. 个别治疗

（1）个别治疗的概念

个别治疗是一种通过与单个个体建立专一性关系，旨在探索和解决其心理健康问题的治疗方法。在心理学和心理治疗中，个别治疗被广泛应用于各种情况，包括但不限于焦虑、抑郁、人际关系问题、创伤后应激障碍等。

个别治疗的核心在于其个性化的特点，治疗师与每位客户之间的关系是独特且专注的。这种治疗关系建立在互信和保密的基础上，为客户提供一个安全的环境，使其能够自由地探索和表达内心深处的情感、想法和体验。举例来说，认知行为疗法（CBT）是一种常见的个别治疗方法，用于治疗各种心理问题。CBT通过帮助客户识别和改变负面的思维模式和行为习惯，以达到减少症状和提高生活质量的目标。例如，一个患有社交焦虑的个体可能会通过CBT学习认识到自己的负面自我评价，然后逐步应用替代性的积极思维方式和行为反应，从而改善社交能力和情绪管理能力。另一个例子是心理动力学治疗，这种方法强调了个体内心深处的潜意识冲突和情感体验的探索。心理动力学治疗通过分析和理解个体的童年经历、潜意识冲突及其对当前行为和情感的影响，来促进个体的心理成长和自我认知。例如，一位在成年生活中经历了持续失落感的个体，可能会在心理动力学治疗中通过探索童年家庭环境中的关系模式和情感体验，逐步理解并解决其情感困扰。

个别治疗作为心理治疗的主要方法之一，通过建立专一性的治疗关系和应用多种理论和技术，为个体提供了一个有益于深度探索和积极改变的空间。这种治疗方法不仅帮助客户理解和解决个人心理问题，还促进了个体的心理成长和健康发展。

（2）个别治疗的过程

个别心理治疗，具体步骤一般可分为以下三个阶段。

第一阶段，咨询员耐心地倾听病人的叙述。只有耐心地倾听病人叙述，才可核查病人所提供的病史材料，建立良好的医患关系，为做好心理治疗创造有利条件。

病人的病史是否正确可靠，关系到对病人的诊断能否正确。由于种种原因，病人往往不一定在开始时就提出其真正的问题所在，需要循循善诱，尽可能收集有关病人的全套资料，还必须向本人核实有关方面提供的材料是否与事实相符合。心理治疗就是要帮助病人认识自己的精神活动，加强自我战胜疾病的能力，以达到治愈疾病的目的。虽然精神病患者的精神活动都是杂乱无章的，提供的材料经常互相矛盾，其实都有其一定的真实含义。只要将收集到的材料进行客观分析，还是可以找出病人发病的原因和这些原因的内在联系。

因患者内心苦闷情绪时常发生变化，而这种情绪上的矛盾如果长期郁闷在心中，就会影响脑的功能，让其发泄一番，把它谈出来，心情就会感到舒畅，起到一定的安定作用，病情就能得到很大改善。这种疏泄郁闷情绪的方法不仅对病情能起到暂时性的抑制作用，且对以后的治疗也能有很大的帮助。

第二阶段，咨询员应帮助病人提高对疾病的认识。如果说第一阶段是建立医患关系，让病人发泄心中郁积的情感，那么第二阶段就是个别心理治疗最后的阶段。心理治疗的目的是调动患者的积极性，帮助他正确认识病情，达到自我治疗的目的。所以这一阶段的工作内容是：同病人一起分析病史材料，根据材料提出病因和发病机制的初步意见，帮助病人提高对疾病的认识。

这一阶段经常会出现"阻抗"，即病人对待心理治疗往往存在着一种矛盾心理。具体表现为他愿意接受治疗，希望早日恢复健康，但他又害怕医生认真地研究他生活的情况和精神活动而暴露他的弱点，因为患者大多数具有较强烈的自卑感和不安全感，害怕受到轻视、歧视和批评。

帮助病人减少阻力的发生是第二阶段的重要任务。应注意以下几个方面。

第一，治疗前要向病人说明治疗的目的。在正式治疗前，把心理治疗的意义、目的、要求、方法、需要的时间、在治疗过程中可能发生什么副作用等问题，先向病人做详细的介绍与说明。还应该向病人指出治病是一项艰巨的任务，要求病人建立信心，持之以恒，同心理医生一起配合完成这个任务。

第二，保护病人自尊心。有时病人会暴露一些错误思想，错误的话，必须向病人及时指出，这些现象是病态的正常表现，随着治疗的进程，症状会渐渐消除的。

第三，鼓励病人参与分析。对病史材料进行具体分析时，要鼓励病人把自己的问题看作是别人的问题，把自己看成是帮助者而不是被帮助者。这种方式调动了病人参加治疗的积极性，避免阻抗的产生。

第四，诱导病人自我探索。对病人比较敏感的问题，要善于用启发诱导，就是多让病人进行自我解释，让他们自己发现其中的矛盾，千万不能粗暴地批评，不要勉强病人接受他们所不同意的意见。对于病人的正确意见，应立即给予肯定，对他们的错误意见，可采取保留态度，或者不表示态度。

第五，控制治疗过程的进行。在治疗过程中，病人的阻抗情绪没有减弱反而有增加时，应立即停止治疗，待反抗情绪改善时，再继续进行治疗。否则将出现更糟糕的效果。

第六，帮助病人对已有材料进行认真分析，提高病人的认识，把医生较正确的意见变成病人的意见，并能够针对自己的具体情况制定具体的措施，然后有计划有步骤地进行自我锻炼以取得良好疗效。

第三阶段，巩固成绩，提高疗效，预防复发。个别心理治疗第三阶段的主要内容是鼓励病人在医生的指导下主动积极地进行自我锻炼，在这一阶段应注意以下两个方面。

一是个性脾气。有些疾病的发生同病人的个性脾气存在着一定的联系，并随着病人个性脾气进一步地发展。一般而言，精神分裂症患者的个性脾气大多是多疑型，性情孤僻；躁狂症患者多数性情急躁，富有斗争性和同情性；忧虑症的患者大多胆小怕事，斗争性较差，在困难面前容易消极悲观；歇斯底里症患者的情感容易波动，精神衰弱症患者经常犹豫不决，优柔寡断。在进行自我锻炼时，结合病情应客观地分析脾气的利弊，要鼓励病人尽最大可能发扬其有利的一面，纠正其不利的一面。更为重要的是，要鼓励病人学会掌握自己的个性脾气，变不利二是劳逸结合。脑适宜于有节律性的活动，若能适当地把体育锻炼和文化活动相结合，不仅能增强体质，有助于消除疲劳，还可以提高工作效率，这对工作与健康都能起积极作用。反之，大脑的活动就会失调，既不利于工作，也不利于健康。

在具体的治疗工作中，以上三个阶段并不是各自孤立的，而是密切联系，相互依赖和相互渗透的。在病人进行自我锻炼的过程中，有关方面的配合和家属的支持也是必要的。

2. 团体治疗

（1）团体治疗的概念

团体治疗是一种心理治疗方法，将多个个体聚集在一起共同参与治疗过程，旨在促进成员之间的互动、支持和共享经验，以达到心理健康改善的目标。在团体治疗中，通常由一名或多名经验丰富的治疗师或心理健康专家引导，他们负责组织会议、促进讨论并提供支持和指导。

团体治疗的核心概念包括群体动力学和互动过程。通过在安全和支持性的团体环境中分享个人体验和情感，成员们可以相互学习、理解和支持，从而探索和解决各自的心理问题。这种互动和共享的过程有助于成员们意识到他们的问题不是孤立的，同时也能够从其他成员的经验和观点中获得新的理解和启发。举例来说，成瘾康复团体是团体治疗的一个常见应用场景。在这样的团体中，成员们可能共享他们在戒瘾过程中的挑战、成功和失败，彼此鼓励和支持，互相提供实用的应对策略和生活技能。这种互动不仅减少了个体的孤立感和自我负担，还促进了成员们的情感释放和治疗动力的增强。另一个例子是心理教育团体，旨在通过教育和信息传递来增强成员们的心理健康意识和技能。这种团体可以包括关于压力管理、情绪调节、人际关系技巧等方面的内容。通过参与这样的团体，成员们能够学习和实践新的应对策略，提升自我认知和问题解决能力。

团体治疗作为心理治疗的一种形式，通过集体互动和共享经验，为成员们提供了一个有益的学习和成长平台。这种方法不仅有助于个体解决个人心理问题，还促进了社会支持和归属感的建立，从而全面提升了成员们的心理健康和生活质量。

(2) 团体治疗的优点

其一，团体治疗提供了更为典型的社会现实环境。它使团体的领导者（治疗师）能够更好地研究当事人的社会相互作用模式，有助于当事人的社会化过程。心理医师却无法在个别咨询与治疗中直接观察到当事人是如何进行社会交往的。有机会观察某人在社会环境中的表现对于洞察其人格的社会性方面是极为有利的，特别是对那些有一部分问题出自社交困难的当事人而言，这一点就更为重要。团体治疗使每一个参与者都有机会改善和提高自己的社交技能，从而有助于他们的社会化过程。

其二，团体治疗提供了多角度的分析、观察及情感的反应。在团体治疗中，当事人与其他成员平等交流，不仅能获得关于心理问题的各种知识，而且获得了真实的平等感，这对他建立改善自我的自信起着重要作用。所以，在个别治疗中只有心理医师能给出应答，在团体治疗中当事人却具有广泛的可选择性。团体治疗的信息多样性、体验真实性、平等性是个别治疗无法比拟的。

其三，特别是对于学校来说，团体治疗更为接近于班级的环境。由于当事人往往更为习惯于过团体生活，让其单独在心理医师的办公室里接受咨询或治疗，他反而会不习惯，而团体治疗则保持了体验上的连续性，这种体验正是健康而有益的。

第三节 心理咨询发展

一、以积极取向推动发展性咨询模式

（一）积极取向的内涵

1. 积极的情绪和体验

积极取向的心理咨询模式强调个体的优势、成长和积极情感体验，与传统治疗模式中关注问题、缺陷和病态不同。在这种方法中，心理咨询师不仅关注客户的症状和问题，还积极探索和促进客户内在的积极情绪和体验。积极的情绪和体

验包括个体感受到的愉悦、希望、满足感以及对生活积极的态度和情感反应。例如，当一个客户在治疗过程中表达出对某个成功经历的兴奋和自豪感，或者展现出对未来的乐观和期待时，这些都是积极情绪和体验的体现。

通过强调和增强积极情绪和体验，积极取向的咨询模式有助于增强客户的自我意识和自我效能感，从而提升其心理健康和生活质量。例如，当一个客户在工作中取得突破时，咨询师可以鼓励他们深入体验并积极表达这种成就感，进而促进自信心和动力的进一步提升。

积极的情绪和体验也可以作为治疗的基础，帮助客户建立积极的心理资源和应对策略，以更好地应对生活中的挑战和压力。例如，一位咨询师可能会引导客户回顾过去成功的应对经验，并探索其中所展现的坚韧和创造力，从而帮助他们在面对当前困难时找到积极的解决方案。

积极取向的内涵在于从事物的积极面入手，通过强化个体的积极情绪和体验，为其提供一种更加全面和有效的心理咨询支持。这种方法不仅有助于改善个体的心理健康状况，还能够促进其个人成长和生活满意度的提升。

2. 积极的人格特征

积极的人格特征在心理咨询和治疗中被广泛认为是个体心理健康和幸福感的重要组成部分。这些特征不仅仅与症状缓解相关，更是帮助个体实现全面发展和积极生活的关键因素。

积极的人格特征包括乐观、韧性、自尊、自我效能感和希望感等。乐观使个体更倾向于看待未来的积极面，即使面对挑战或失败，他们也能保持希望和寻找解决方案的能力。韧性则表现为在面对困境或逆境时能够保持稳定和适应力，不轻易放弃，并从经历中学习和成长。例如，一位经历了职业挫折的个体，通过展现出乐观和韧性特质，最终找到新的职业方向并重新建立起职业满意度。

自尊和自我效能感是积极的人格特征的重要组成部分。自尊指个体对自己价值的认同和尊重，而自我效能感则是个体对自己能力和能够应对挑战的信心。这些特征有助于个体建立健康的自我形象和积极的人际互动模式，进而促进其在社会和工作环境中的成功和获得幸福感。例如，一位在职场中面临挑战的个体，通过增强自尊和自我效能感，能够更自信地应对工作压力和人际关系问题，从而改善工作表现和生活质量。

希望感是积极人格特征中的重要元素，指个体对未来的期望和追求。具备希望感的个体更有可能设定积极的目标，并为之努力奋斗，即使在面对困难时也能够保持前行的动力和行动力。例如，一位在治疗过程中逐步恢复健康的个体，通过建立和保持对未来积极的期待和希望感，能够更有效地应对疾病的影响以及恢复过程中的挑战和障碍。

积极的人格特征不仅对个体的心理健康有益，还有助于其在面对生活中的各种挑战时更具有适应力和成长能力。通过在心理咨询和治疗中培养和强化这些特征，可以帮助个体实现更加积极和有意义的生活。

（二）积极取向应遵循的原则

1. 焦点关注原则

积极取向心理咨询应遵循的一个重要原则是焦点关注原则，这一原则强调将注意力集中在个体的积极资源、优势和能力上，而不是过度关注他们的问题、缺陷或症状。通过将焦点置于客户的积极面上，咨询师能够促进客户的成长和自我实现，从而增强其心理健康和幸福感。

在实践中，焦点关注原则要求咨询师通过积极的提问、倾听和反馈，帮助客户探索和强化其个人资源和能力。例如，当一个客户在治疗过程中表达了对某个成功经历的喜悦和自豪感时，咨询师可以引导他们深入体验这些情绪，探索背后的积极因素和个人优势。这种方法不仅增强了客户的自我认知，还鼓励他们在面对类似挑战时依赖和发展这些积极资源。另一个例子是在处理情绪困扰或负面体验时，焦点关注原则鼓励咨询师帮助客户寻找和强化积极情感或体验。例如，一个客户可能在治疗中谈到了工作中的压力和挫折感，咨询师可以引导他们回顾过去成功的应对经验以及那些展现出的坚韧和决心，从而增强其面对挑战的信心和动力。

焦点关注原则还涉及到治疗目标的设定和优先级的确定。咨询师在与客户共同制定治疗目标时，应重视客户希望达到的积极成果和生活改善目标，而不仅仅是问题或症状的减少。例如，一个希望改善人际关系的客户，治疗目标可能包括提高沟通技巧、增强情绪管理能力以及培养更健康的人际互动模式，这些目标的实现将直接促进其心理健康和生活质量的提升。

焦点关注原则是积极取向心理咨询的基本指导原则之一，通过关注和强化个体的积极资源和能力，帮助客户实现自我成长和改善。这种方法不仅有助于缓解问题和症状，还能够促进客户的全面发展和心理健康。

2. 责任分散原则

责任分散原则是积极取向心理咨询中的另一个重要原则，其核心理念在于将变革和成长的责任分散到客户和咨询师之间，共同合作实现目标。这一原则强调的是客户在个人发展过程中的主动参与和自我决策，咨询师则扮演引导者和支持者的角色。

责任分散原则要求咨询师不仅仅是提供指导和建议，更是激发和促进客户自主探索和行动。例如，一个在职场上感到沮丧和不满的客户可能寻求咨询师的帮助，咨询师可以通过提供适当的工具和策略，帮助客户分析问题的根源并制定行动计划。然而客户在选择和实施这些计划时需要承担主导责任，这种共同合作的方式有助于增强客户的自信和自主性。另一个例子是在治疗过程中，当客户面对困难或挑战时，咨询师通过问询和反馈的方式，引导客户探索解决问题的可能性。客户的积极参与和自我决策能力在这里起到关键作用，因为他们不仅仅是问题的接受者，更是解决方案的共同构建者和实施者。例如，一个感到在人际关系中无力应对的客户，在治疗中可能通过咨询师的引导，开始学习和实践有效的沟通技巧和情绪管理策略，从而改善其人际互动和生活质量。

责任分散原则也反映了咨询师和客户之间的合作关系，强调了建立在平等和互动基础上的治疗过程。咨询师不是问题的唯一解决者，而是支持和激励客户发挥自身潜力的伙伴。在这种合作模式中，客户能够更有效地发展和运用个人资源，从而实现更持久和有意义的变革。

责任分散原则在积极取向心理咨询中具有重要意义，通过强调客户的自主性和主动性，促进了个体在治疗过程中的全面成长和自我实现。这种原则不仅增强了客户的治疗效果和满意度，还培养了他们面对生活挑战时的应对能力和心理弹性。

3. 促进原则

促进原则在积极取向心理咨询中是指咨询师通过各种方式积极地促进客户的个人成长、心理健康和积极生活。这一原则强调咨询师如何有效地支持和激励客户，以达到其自身设定的目标和期望。

促进原则要求咨询师具备良好的倾听和理解能力，能够真正理解客户的需求和愿望。通过积极倾听和有效的反馈，咨询师能够建立起与客户之间的信任和理解，从而为后续的干预和支持奠定良好的基础。例如，当一个客户表达了对工作生活平衡的渴望时，咨询师可以通过深入了解其具体需求和挑战，制定个性化的行动计划，帮助客户更好实现工作和生活的平衡。

促进原则强调咨询师如何有效地利用各种咨询技术和工具来支持客户的成长和发展，包括心理教育、行为技能训练、认知重构等多种方法的应用。例如，当一个客户在治疗中表达了对情绪管理技能的需要，咨询师可以教授客户有效的放松技术和应对策略，帮助他们更好地处理压力和情绪波动，从而提升生活质量和心理健康水平。

促进原则还包括在治疗过程中激励客户探索和发掘其潜力和个人资源。咨询师通过肯定和强化客户的积极面和成就，鼓励他们建立自信心和自我效能感。例如，一个客户可能在治疗中展示出对职业发展的积极追求和创新思维，咨询师可以通过赞扬和鼓励，帮助客户进一步发展和应用其职业技能。

促进原则是积极取向心理咨询的核心之一，通过咨询师的积极参与和支持，帮助客户实现个人成长和生活目标。这种原则不仅增强了客户的自我认知和自我管理能力，还为其提供了应对生活挑战和改善心理健康的有效途径。通过有效地应用促进原则，咨询师能够在客户的心理健康和幸福感提升中发挥关键作用。

4. 效益最大化原则

效益最大化原则在积极取向心理咨询中指导着咨询师如何通过有效的干预和资源配置，最大限度地促进客户的心理健康和幸福感。这一原则强调的是在有限的咨询时间和资源内，如何最有效地帮助客户实现其目标和需求。

效益最大化原则要求咨询师通过评估客户的具体情况和需求，制定个性化的治疗计划和目标。例如，一个客户可能因工作压力而感到焦虑和情绪波动，咨询师可以首先与客户合作，设定减少焦虑症状和提升情绪稳定的具体目标。这种个性化的治疗计划能够更精准地满足客户的实际需求，提高治疗效果和客户的满意度。

效益最大化原则强调在治疗过程中应用有效的咨询技术和策略，以实现最佳的治疗效果。例如，当一个客户在咨询中表达了对人际关系问题的困扰时，咨询师可以采用认知行为技术来帮助客户识别和改变负面的思维模式，以改善其人际交往的技能。通过这些技术的应用，咨询师能够在短时间内有效地减少客户的心理痛苦和情绪困扰，实现治疗效果的最大化。

效益最大化原则还强调了在治疗过程中的结果评估和调整。咨询师应定期评估客户的治疗进展和目标达成情况，及时调整治疗策略和目标，以确保治疗的效果和可持续性。例如，当一个客户在治疗的初期显示出较大的进展时，咨询师可以适当调整治疗计划，进一步深化客户的自我认知和成长体验，从而实现更为显著和持久的治疗效果。

效益最大化原则为积极取向心理咨询提供了一种有效的指导框架，帮助咨询师在有限的时间和资源内，最大限度地促进客户的心理健康和获得幸福感。通过个性化的治疗计划、有效的咨询技术和结果导向的评估调整，咨询师能够实现对客户的持续支持，从而帮助他们实现更好的生活质量和心理健康水平。

二、以分层分级推动咨询队伍的专业化发展

（一）大学心理咨询人员层次与专业素养

在推动咨询队伍专业化发展的过程中，大学心理咨询人员的层次与专业素养至关重要。不同层次的咨询人员在专业素养上的提升，直接影响着他们在大学校园中有效地开展心理咨询工作的能力和质量。

大学心理咨询人员可以分为不同层次，从初级到高级，每个层次都有其特定的角色和责任。初级咨询人员通常负责提供基础的心理支持和咨询服务，如情绪管理、适应困难、学业压力等方面的支持。他们需要具备基本的咨询技能，包括倾听、理解和解决基本问题的能力。例如，一名大学新生可能因学业和生活的适应问题寻求初级咨询人员的帮助，后者可以通过倾听和提供实用建议，帮助新生逐步调整并面对挑战。

中级咨询人员则在此基础上进一步发展，他们通常能够处理更复杂的心理问题和症状，如焦虑障碍、抑郁症等。他们需要具备更深入的心理理论知识和咨询技术，能够进行更为系统和深入的评估和干预。例如，一名大学生可能因长期的

情绪低落而寻求中级咨询人员的支持，后者可以通过认知行为治疗或其他专业技术，帮助学生解决情绪问题，改善其心理健康状态。

高级咨询人员则具备更丰富的临床经验和专业素养，能够处理复杂的心理疾病和危机干预。他们不仅能够提供个体咨询服务，还可能参与校园心理健康政策的制定和实施以及对其他咨询人员的培训和指导。例如，在校园发生突发事件或危机时，高级咨询人员可以组织并领导团队进行危机干预和心理支持，保障校园成员的心理安全和健康。

不同层次的大学心理咨询人员需要通过系统的专业培训和实践经验，不断提升自身的专业素养和能力。他们的发展不仅有助于满足不同学生群体的心理健康需求，还能提升整个校园心理健康服务的质量和效果。通过分层分级的专业化发展，大学心理咨询队伍能够更好地应对日益复杂和多样化的心理健康挑战，为学生的全面发展和成功提供坚实的支持和保障。

（二）重点拓展辅导员心理咨询能力

1. 筛选标准

在重点拓展辅导员心理咨询能力时，筛选标准是确保选择合适候选人的关键因素。这些标准不仅有助于保证辅导员在心理咨询工作中的有效性和专业性，还能为其提供必要的支持和发展路径。

一个重要的筛选标准是候选人的教育背景和专业资质。合格的心理咨询辅导员通常具备心理学或相关领域的学士或更高学位，并且已经通过相关的专业认证和许可考试。例如，在选择大学辅导员时，通常会优先考虑那些拥有心理学或相关专业硕士学位，并且已经通过国家或地区认可的心理咨询师考试的候选人。这种背景可以确保辅导员具备必要的理论基础和专业技能，能够有效地理解和应对学生的心理健康需求。

筛选标准还应包括候选人的工作经验和实践能力。具有丰富实践经验的辅导员通常能够更好地应对各种心理问题和复杂情境，能够在实践中灵活运用不同的咨询技术和策略。例如，曾经在青少年心理健康机构或大学校园中从事心理咨询工作多年的辅导员，他们在处理学生的心理困扰和情绪问题时能够更加游刃有余。

候选人的沟通和人际关系能力也是重要的筛选标准。作为心理咨询辅导员，良好的沟通能力是必不可少的，能够与学生建立信任关系，有效地进行情绪支持和问题解决。例如，一个能够倾听和理解学生需求并且能够与他们建立积极、支持性关系的辅导员，能够更有效地帮助学生解决心理困扰，并促进其心理健康的增长和发展。

候选人的个人特质和道德背景也应该作为筛选标准的一部分。心理咨询工作需要较高的道德和职业操守，辅导员需要具备尊重、保密、公正和责任感等条件。例如，一个注重学生利益并且能够在面对道德挑战时保持专业标准的辅导员，可以有效处理各种复杂的咨询情况，确保学生得到适当的支持和帮助。

通过细致而全面的筛选标准，可以确保选择到适合的辅导员候选人，他们不仅能够胜任心理咨询工作，还能在大学校园中为学生的心理健康和全面发展做出积极贡献。

2. 培训原则

培训原则在辅导员心理咨询能力拓展中起着关键作用，它们指导着如何有效地设计和实施培训计划，以提升辅导员在心理咨询领域的专业素养和技能水平。

培训原则包括个性化和差异化。每位辅导员在心理咨询能力和实践经验上存在不同的起点和需求。因此，培训计划应该根据个体的现有技能水平、专业背景和工作经验制定个性化的学习路径和目标。例如，对于新加入大学心理健康团队的辅导员，可以通过系统的介绍课程和实践操作，帮助其熟悉校园心理咨询服务的运作模式和流程；而对于已有经验的辅导员，则可以重点培训新的心理咨询技术和方法以及复杂案例的处理策略。

培训原则强调实践导向和反馈机制。有效的培训应该结合理论教学与实际操作，通过案例分析、角色扮演和实地实习等方式，帮助辅导员将所学理论知识转化为实际工作中的应对策略。例如，可以组织模拟情景演练，让辅导员们在模拟的真实案例中实践心理咨询技能，通过导师和同行的反馈，不断优化和提升其咨询效果和专业水平。

培训原则强调持续学习和发展。心理咨询领域的知识和技术在不断发展和演变，因此辅导员需要具备持续学习和自我提升的意识和能力。培训计划应该设计为一个持续的过程，包括定期更新的专业发展课程、研讨会和行业会议等形式，帮助辅导员们跟随最新的研究和实践进展，不断提高其专业水平和服务质量。例如，定期举办心理健康领域的研讨会，邀请专业的学者和从业者分享最新的治疗方法和技术，可以有效促进辅导员的持续学习和发展。

培训原则还应注重团队合作和跨学科交流。心理咨询工作往往需要跨学科的合作和协作，培训计划可以通过跨学科团队的建立和合作项目的推动，培养辅导员的团队精神和跨学科交流能力。例如，组织跨学科的研究小组或项目团队，让心理咨询师与其他专业人员如医学、社会工作等领域的专家共同合作，共同探讨和解决复杂的心理健康问题，从而提升其综合解决问题的能力和跨学科合作的效果。

培训原则不仅关注技能的传授和提升，更重视个性化、实践导向、持续学习和跨学科合作的综合发展，为辅导员在心理咨询领域的专业化发展提供全面的指导和支持。

3. 角色定位

在大学心理健康服务中，辅导员的角色定位是确保他们在团队中有效发挥作用，并为学生提供专业的心理支持和咨询服务。角色定位涵盖了多个方面，包括服务对象、职责范围、专业发展路径等，这些都对于辅导员在心理健康领域中的成功至关重要。

辅导员在大学心理健康服务中的主要服务对象是学生群体。他们承担着帮助学生解决心理困扰、提升心理健康水平的重要责任。例如，当一名学生面临学业压力、人际冲突或情绪困扰时，辅导员可以通过个体心理咨询、小组辅导或心理教育工作坊等形式，为他们提供专业的支持和指导，帮助他们克服困难，增强心理韧性。

辅导员在心理健康服务中的职责范围包括但不限于心理评估、咨询干预、危机处理和预防工作。他们需要具备广泛的心理学知识和专业技能，能够有效地应对各种心理健康问题和情境。例如，当学校发生重大事件或学生面临心理危机时，辅导员需要迅速响应并采取有效的危机干预措施，确保学生安全并提供及时的心理支持。

角色定位还涉及到辅导员在团队中的协作与领导能力。作为心理健康团队的重要成员，辅导员需要能够与其他专业人士如心理学家、精神健康护士、社工等紧密合作，共同制定和实施综合性的心理健康服务方案。例如，在制定学校心理健康政策或开展校园心理健康促进活动时，辅导员可以发挥协调者和执行者的角色，促进团队合作，确保服务的全面性和有效性。

角色定位还涉及到辅导员的个人和专业发展路径。他们需要通过持续的学习和专业培训，不断提升自身的专业水平和服务能力。例如，参加心理健康领域的进修课程、参与行业研讨会或专业认证考试，可以帮助辅导员深化理论知识，掌握最新的咨询技术和策略，从而更好地服务于学生和社区。

辅导员在大学心理健康服务中的角色定位是多维度的，涵盖了服务对象、职责范围、团队协作与领导以及个人发展等多个方面。通过明确的角色定位，辅导员能够有效地履行其在心理健康服务中的使命和责任，为学生的全面发展和心理健康做出积极贡献。

三、以科学化推动学科专业发展

（一）科学化的内涵

科学化推动学科专业发展，意味着通过科学方法和理论指导，促进学科在教学、研究和实践中的全面发展和提升。这一概念涵盖了多个方面，包括理论基础的强化、方法论的优化、实证研究的推动以及跨学科合作的促进。

科学化推动学科专业发展强调理论基础的深化和强化。通过系统的理论体系建设和知识框架搭建，学科能够在深入探讨本质规律的基础上，提升自身的学术水平和教育质量。例如，在教育学科的发展中，科学化的内涵要求教育理论必须基于实证研究和系统的数据分析，而不是仅仅停留在传统的经验主义或空泛理论的层面上。

科学化还包括方法论的优化和创新。学科发展需要不断引入先进的研究方法和技术手段，以支持学科内部的理论探索和实践应用。例如，在心理学领域，科学化推动了从传统的问卷调查到更加复杂的神经影像学和生物心理学方法的转变，这些方法不仅能够提供更加客观和精准的数据支持，还能深入探索人类心理活动的生理机制。

科学化推动学科发展还强调实证研究的推动和应用。学科的发展需要以实证数据为支撑，通过系统的实验设计和定量分析，验证理论假设并推动学科前沿的扩展。例如，在医学研究中，科学化的内涵要求临床试验和流行病学调查成为研究设计的核心，以确保治疗方法和预防策略的科学有效性和实用性。

科学化推动学科发展强调跨学科合作和知识交流的促进。在当今复杂多变的社会环境中，学科的发展往往需要跨学科的综合性研究和团队合作。例如，环境科学的研究需要自然科学、社会科学和工程技术的跨学科整合，以应对全球变暖和生态破坏等复杂问题。

科学化推动学科专业发展不仅关注于理论的深化和方法的优化，还包括实证研究的推动和跨学科合作的促进。这些内涵共同作用，推动学科朝着更加科学化、系统化和整合化的方向发展，以应对社会发展和人类需求的挑战。

（二）增强思想政治教育心理咨询学科特色

1. 关注思想品质和精神因素在个体处理心理问题中的作用

增强思想政治教育心理咨询学科的特色，关注思想品质和精神因素在个体处理心理问题中的作用，意味着深入探讨和理解个体在心理健康问题处理中所扮演的信念、价值观和精神态度等因素。这种特色强调了心理咨询不仅仅是技术层面的干预，更是在思想政治教育的框架下，关注个体内在的精神层面以及社会、文化背景对心理健康的影响。例如，在心理咨询实践中，一位辅导员可能会遇到一个学生因学业压力而感到焦虑和沮丧。传统的心理咨询方法可能集中于情绪管理和应对策略，然而增强了思想政治教育心理咨询学科特色的辅导员，会更加关注学生内心深处的信念和价值观。他们可能会探讨学生对学业成功的理解、家庭文化对其学习态度的影响以及社会价值观在其焦虑情绪形成中的角色。通过这种深入的精神因素分析，辅导员能够更有效地帮助学生理解和调整其思想品质，从而在根源上减轻其心理压力和情绪困扰。

思想政治教育心理咨询学科特色还体现在其对于个体成长和社会责任的关注。心理咨询不仅仅是为了解决当前的心理问题，更是为了促进个体的全面发展和社会责任感的培养。例如，一名经历过挫折的学生可能会在心理咨询过程中探索自身的成长和自我认知，以及如何通过积极的社会参与和责任行为来增强其心理韧性和成就感。

在思想政治教育心理咨询学科特色的引导下，辅导员不仅关注个体内在的思想品质和精神因素，还积极倡导心理健康服务的社会责任和文化敏感性。他们可能会在心理咨询实践中融入更多的社会文化因素和价值观探索以及个体在社会和历史背景下的角色认知和身份建构。这种综合性的心理咨询方法，不仅有助于解决个体的心理问题，还有助于促进社会的心理健康和文化多样性的理解与尊重。

增强思想政治教育心理咨询学科的特色，关注思想品质和精神因素在个体处理心理问题中的作用，不仅提升了心理咨询的深度和广度，更为学科发展注入了社会责任感和文化敏感性的新维度。

2. 关注人生社会因素在个体心理问题解决中的作用

关注人生社会因素在个体心理问题解决中的作用，是心理咨询领域中一个重要且日益受到关注的方面。这一理念强调个体心理健康问题的产生和解决，不仅受到个人内在因素的影响，还深受其所处的社会环境、文化背景以及生活经历等外部因素的影响。

在心理咨询实践中，个体常常面对来自人生社会因素的挑战和压力，这些因素可以是家庭关系、职业发展、社会认同、经济状况等多种因素的综合影响。例如，一位职场新人可能在面对工作压力和职业发展的不确定性时，产生焦虑和自我怀疑。此时，心理咨询不仅需要关注其内在的情感和心理反应，还需要考虑其所处的工作环境、职业期望以及社会对职业成功的期待等外部因素对其心理状态的影响。通过分析和理解人生社会因素，心理咨询师能够更有效地帮助个体解决心理问题，提升其心理健康水平。

另一方面，人生社会因素的考量还体现在心理咨询的文化敏感性和社会责任感中。不同文化背景和社会环境下，个体对心理问题的认知和处理方式可能存在显著差异。例如，在跨文化的心理咨询中，咨询师需要充分理解和尊重来自不同文化背景的个体的价值观、信仰和社会角色认同，以避免误解和文化冲突，并通过文化适应性的干预策略帮助其适应和调整。

人生社会因素的关注还有助于推动心理健康服务的社会变革和改进。通过研究和实践中对人生社会因素的分析和探索，心理咨询领域能够提出更加全面和有效的干预方案，以应对现代社会中日益复杂和多变的心理健康挑战。例如，结合社会政策和心理健康服务的整合，可以为贫困家庭、移民群体或社会弱势群体提供更为有效的心理支持和社会资源整合,帮助其更好地应对心理问题并实现自我发展。

关注人生社会因素在个体心理问题解决中的作用,不仅丰富了心理咨询的理论和实践视角,更为实现个体心理健康提供了更为全面和深入的干预策略。这种综合性的考量不仅有助于个体的心理调适,也为社会心理健康服务的持续改进和发展注入了新的动力。

(三) 推进思想政治教育心理咨询研究科学化

1. 研究程序的规范化

推进思想政治教育心理咨询研究科学化,首要考虑的是研究程序的规范化。这意味着在进行心理咨询相关研究时,严格遵循科学研究的基本原则和方法,确保研究的科学性、可靠性和有效性。规范化的研究程序不仅有助于提升学术研究的水平,还能够推动思想政治教育心理咨询领域的理论创新和实践应用。

在心理咨询干预效果评估的研究中,规范化的研究程序要求研究者首先明确研究目的和假设,制定清晰的研究设计和方法。研究设计包括确定研究对象、采集数据的方法、样本的选择和研究工具的使用等方面。例如,如果研究旨在评估某种心理干预措施在减轻学生焦虑中的效果,研究者需要明确定义焦虑的测量标准,选择有效的干预方式,并确保采集的数据具有统计学上的可比性和可信度。

规范化的研究程序强调数据分析的科学性和透明度。研究者应当使用适当的统计方法和数据处理技术,对研究结果进行客观的分析和解释。例如,在心理干预效果评估的研究中,研究者可能会采用配对设计或对照组设计,使用 T 检验或方差分析等统计方法,分析干预前后学生焦虑水平的变化,并推断干预措施的实际效果是否显著。

规范化的研究程序还要求研究过程中的伦理审查和数据保护问题得到充分考虑和保障。在进行心理咨询相关研究时,研究者必须遵守伦理道德准则,保护研究对象的隐私和相关权益。例如,研究者在收集个体数据和实施心理干预时,需要征得参与者的知情同意,并确保研究过程中的数据安全性和保密性。

规范化的研究程序还涉及研究结果的报告和交流。研究者应当通过科学期刊、学术会议或其他途径,向学术界和社会公众公开和分享研究成果。通过公开交流和学术讨论，可以促进思想政治教育心理咨询研究领域的理论交流和实践创新，推动学科的持续发展和进步。

推进思想政治教育心理咨询研究科学化，必须从规范化研究程序入手，确保研究的科学性、透明性和伦理合规性。这不仅有助于提升研究的学术水平和社会影响力，还能够推动心理咨询领域在实践中的有效应用和推广。

2. 研究方法的多元化

推进思想政治教育心理咨询研究科学化的另一个重要方面是研究方法的多元化。多元化的研究方法意味着在探索和解决心理咨询问题时，采用多样化的研究方法和技术手段，以更全面、深入地理解和解释个体心理问题的复杂性和多样性。

心理咨询研究中常用的定量研究方法包括问卷调查、实验研究和统计分析等。这些方法能够通过量化数据和统计推断，揭示心理现象的普遍规律和关联性。例如，一项定量研究可能探讨特定心理干预措施对大学生学业压力的影响，通过问卷测量学生的压力水平、干预后的变化以及相关因素的统计关系，从而评估干预措施的有效性和适用性。

多元化的研究方法还包括定性研究方法，如个案研究、焦点小组讨论和深度访谈等。这些方法强调深入探索个体经验，理解背后的意义和文化语境，从而提供关于心理现象更为详细和丰富的描述和理解。例如，在心理咨询研究中，研究者可能通过深度访谈探讨青少年对于自我认同和家庭关系的感受，揭示家庭动态和文化背景对青少年心理健康的潜在影响机制。

行动研究和实践研究方法也是推进心理咨询研究多元化的重要手段。这些方法强调从实践中产生知识和解决问题的能力，通过参与式、协作式的研究过程，推动理论与实践的融合。例如，一项行动研究可能通过与学校教育者和社会工作者合作，共同设计和实施针对学生心理健康的干预项目，并通过实地实验和反馈，不断优化干预策略和实践效果。

混合研究方法的应用也逐渐成为心理咨询研究的趋势。混合方法结合定量和定性研究的优势，通过数据的三角验证和互补，提供更加全面和深入的理解。例如，一项混合方法研究可以首先通过定量问卷调查获取广泛的数据，然后选择一部分参与者进行深度访谈，以深入理解定量数据中发现的模式和关系。

推进思想政治教育心理咨询研究科学化的多元化研究方法不仅丰富了研究的视角和方法论，还能够更全面、深入地理解和解决个体心理问题。这种方法的多样性不仅有助于学术研究的深化，还能够推动心理咨询实践的创新和发展，为个体心理健康的改善提供更为有效的支持和指导。

第六章 互联网视域下学生心理健康教育

第一节 互联网视域下学生心理健康模式

一、大学生上网行为的动机分析及心理反应

在互联网视域下探讨大学生上网行为的动机及其心理反应，对理解和促进学生心理健康教育模式具有重要意义。大学生作为互联网使用的主力军，其上网行为不仅受到学习和社交需求的驱动，还反映了其心理状态和个体特征的复杂交织。

大学生上网行为的动机复杂多样。除了获取学术资讯和完成学业任务外，社交互动、娱乐消遣以及情感表达等因素也在驱动着他们的上网行为。例如，许多大学生通过社交网络平台与同学、朋友保持联系，分享生活经历和情感体验，以满足社交需求和获得情感支持。虚拟世界的游戏和娱乐内容也吸引着他们，成为释放压力和放松心情的重要途径。大学生的上网行为还反映出其复杂的心理反应和情感状态。在互联网的虚拟空间中，他们可能面对来自社交比较、信息过载、网络欺凌等问题，这些问题对其心理健康和情感稳定产生直接影响。例如，过度沉浸在虚拟社交中可能导致焦虑和自我负面情绪的增加，长期沉迷于网络游戏可能引发注意力缺陷和行为控制问题。在心理健康教育模式的构建中，理解和分析大学生上网行为的动机和心理反应至关重要。基于对动机的深入了解，教育者可以制定针对性的干预措施，引导学生建立健康的上网习惯和心理调适机制。例如，通过开展网络安全教育和心理健康辅导，帮助学生学会合理利用互联网资源，减少上网对情绪和行为的不良影响。

大学生上网行为的动机分析及其心理反应，不仅帮助揭示现代教育环境中的心理健康问题，也为构建以互联网视域为基础的学生心理健康教育模式提供了深

刻的理论和实践指导。通过科学的研究和综合的干预策略，可以有效提升大学生的心理健康水平，促进其全面发展和成长。

二、大学生健康网络心理的培养

（一）大学生理性网络观的确立

在大学生健康网络心理培养方面，确立大学生的理性网络观是至关重要的一步。理性网络观指的是学生对互联网的客观认识和正确态度，以及在网络使用过程中的自我管理能力和风险意识。在当今信息化社会，大学生作为互联网的主要使用群体，网络观念和行为方式直接影响其心理健康和学业生活。

理性网络观的确立需要学生意识到互联网不仅是信息获取和社会交流的工具，还是一种需要审慎使用的社会资源。例如，通过正确认识网络信息的真实性和有效性，学生可以避免因误导性信息或假新闻而产生的焦虑和恐慌情绪。理性网络观还包括对个人隐私和数据安全的重视，学生需要学会保护个人信息，避免陷入网络欺诈和侵犯隐私的风险之中。建立理性网络观需要学生发展自我管理和自我调节的能力。例如，面对网络使用时间过长可能引发的注意力分散和学业效率下降，学生应当学会设定合理的上网时间和休息间隔，有效平衡网络生活和现实生活的关系。面对网络上的负面评论和批评，学生需要学会通过积极的心理调适策略来应对，保持良好的心理健康状态。在实践中，学校可以通过开展相关的网络素养教育和心理健康教育课程，帮助学生建立起理性的网络观念。例如，组织讨论和分享会，让学生分享自己在网络使用中的体验和感受，促进彼此之间的交流和学习。可以邀请专业心理咨询师或互联网安全专家参与，提供针对性的指导和建议，帮助学生有效应对网络世界中的心理健康风险。

大学生健康网络心理的培养必须从建立理性的网络观开始。通过学生个体意识的提升和学校教育的支持，可以有效帮助大学生建立起正确的网络使用态度和行为习惯，从而提升其在互联网时代的心理健康水平和生活质量。

（二）网络理性行为、理性人格和理性精神

网络理性行为、理性人格和理性精神在当代大学生的心理健康和全面发展中

具有重要意义。

网络理性行为指的是在互联网使用过程中展现出的理性思维和行为习惯，这不仅涉及信息的获取和利用，还包括对网络环境中各种挑战和诱惑的理性应对。例如，理性行为可以体现在学生对网络信息的筛选和评估能力上。面对信息泛滥和虚假信息的困扰，理性的大学生会采取多种手段，如查证信息来源、比较多方资料，以确保获取的信息真实可靠，避免因错误信息而产生误导或焦虑。

理性人格在网络时代的意义在于，它强调了学生对自我情感和行为的控制能力。具有理性人格的大学生倾向于以冷静、客观和理性的态度对待网络交流和社交互动。例如，在面对网络争论或批评时，理性人格的学生能够保持冷静和理智，不轻易被情绪影响，而是通过理性的讨论和辩论来解决问题，维护自己的心理健康和社交关系。

理性精神代表了学生在面对网络环境中的挑战和诱惑时所展现的内在强大力量和坚定信念。理性精神不仅体现为对理性思维的追求，还包括对自我成长和社会责任的认识和实践。例如，一位具有理性精神的大学生在使用社交媒体时，会积极维护良好的网络道德和社会价值观，不参与网络暴力或传播虚假信息，而是通过积极的行动和言论，为网络空间的文明和谐贡献力量。

网络理性行为、理性人格和理性精神相互交融，共同构成了大学生在互联网时代中心理健康和全面发展的重要支柱。通过培养和强化这些理性特质，可以有效提升大学生在信息化社会中的生活质量和社会责任感，为其未来的成长和成功打下坚实的心理基础。

（三）大学生网络行为的自律

1. 自律：网络行为的必然要求

大学生的网络行为自律是当今信息化社会中的必然要求。自律指的是个体在面对诸多诱惑和挑战时，能够自我约束和管理，以达成长远的目标和维持良好的生活状态。在互联网时代，大学生作为主要的网络使用群体，其网络行为的自律不仅关乎个人的学业成就和社交健康，还涉及信息安全和社会责任的重要问题。

大学生在互联网上的自律体现在对网络时间的合理分配和利用上。例如，面对频繁更新的社交媒体和游戏应用，自律的大学生会设定明确的上网时间和休息间隔,避免沉迷于虚拟世界而忽略了学业和实际生活中的重要事务。他们能够意识到过度使用网络可能导致的注意力不集中和生活质量下降,并采取措施来维持自身学习和生活的平衡。

网络行为的自律还体现在信息的获取和处理能力上。自律的大学生能够有选择地浏览和筛选网络内容,确保所获取的信息来源可靠和内容真实。例如,在面对学术研究或者个人兴趣领域的信息搜索时,他们能够运用有效的检索技巧和信息评估能力,避免受到虚假信息的误导和影响。

自律的网络行为还包括在社交网络和在线社区中的表现和互动方式。例如,面对网络争论和负面评论,自律的大学生会选择理性和客观的态度进行回应,避免情绪化的言辞和冲动的行为。他们注重维护个人的网络形象和社交关系,以建立积极的网络社交环境和良好的人际关系。

在教育实践中,学校和家庭可以通过开展网络素养教育和心理健康指导,帮助大学生培养良好的网络行为自律。例如,组织讲座和工作坊,让学生了解网络安全的重要性和自我管理的技巧,引导他们建立正确的网络使用价值观和行为规范。通过教育和实践相结合,大学生可以逐步提升其网络行为的自律水平,有效应对互联网时代带来的挑战和机遇,实现个人发展和社会贡献的双赢。

2. 自律:大学生自我管理的根本体现

大学生的自我管理能力是其自律的根本体现,特别是在面对日益复杂的学习、社交和生活环境时。自我管理指的是个体通过设定目标、制定计划并有效执行,以达成个人发展和成就的能力。在大学生活中,良好的自我管理不仅有助于提升学业表现,还能促进心理健康和社交成熟。

自我管理在学业上表现为学习时间的合理规划和有效利用。一位自我管理能力强的大学生会根据课程要求和个人学习习惯,制定详细的学习计划,包括每天的学习时间安排、复习和作业完成时间表。通过明确的学习目标和时间安排,他们能够有效避免拖延和分心,提高学习效率和成绩表现。

自我管理在生活中的体现包括个人习惯的养成和健康生活方式的维护。具备自我管理能力的大学生会注意营养均衡、规律作息和适当运动,以保持身体健康和精力充沛。他们能够自觉避免不良习惯和诱惑,如过度沉迷于社交媒体或网络游戏,从而维持健康的生活方式和良好的心理状态。

自我管理还表现为情绪和社交行为的自我调节能力。面对压力和挑战时，具备自我管理能力的大学生能够采取积极的情绪调节策略，如寻求支持、运用放松技巧或者调整思维模式，有效缓解压力并保持情绪稳定。在社交互动中，他们能够表现出理性、成熟和尊重他人的行为特征，建立良好的人际关系和社交网络。

在实际操作中，学校和家庭可以通过提供有效的支持和指导，帮助大学生培养和强化自我管理能力。例如，通过开展时间管理和情绪管理的培训课程，引导学生学会有效利用时间、处理情绪并培养自律和坚韧的品质。学校还可以通过设立学习小组和心理辅导服务，为学生提供必要的资源和支持，帮助他们更好地实现自我管理和全面发展的目标。

大学生自我管理能力的根本体现在于其能够有效规划和控制自己的学业、生活和情感，以实现个人成长和社会适应的全面发展。通过自我管理的实施，大学生能够在学术、职业和人生各个方面取得持久的成功和满足感。

3. 慎独：网络行为自律的道德境界

慎独在大学生网络行为自律中扮演着重要的道德境界，特别是在信息时代日益复杂和多变的社交网络环境中。慎独，即谨慎独处，是对个体在网络使用中进行自我审视和道德判断的能力，以确保其行为符合社会道德标准和个人价值观。

慎独体现在个体对网络信息真实性和有效性的深思熟虑上。例如，面对社交媒体上的流言蜚语或未经证实的新闻，慎独的大学生会选择慎重对待并避免轻信，而是通过查证消息来源、分析多方资料，确保获取和传播的信息具备客观真实性，避免因不良信息传播而对社会产生不良影响。

慎独体现在个体在网络互动中的言行举止上。例如，在社交平台上，慎独的大学生会意识到自己的言论和行为可能对他人产生影响，因此会避免发布攻击性言论、传播负面情绪或参与网络暴力等不良行为。他们注重维护自己的网络形象和社交关系，通过积极的言论和行动来促进网络社区的和谐发展。

慎独还包括对个人隐私和他人隐私的尊重和保护。例如，慎独的大学生不会随意泄露他人的个人信息或隐私，也会在自己的网络行为中注意保护个人隐私，避免因不慎操作或轻信陌生人的请求而导致信息泄露和个人安全问题。

在实际操作中，学校和社会可以通过开展道德教育和网络伦理讨论，引导大学生理解和实践慎独的重要性。例如，组织讲座或座谈会，探讨网络信息真实的重要性、言论自由与责任的平衡以及网络互动中的道德规范和社会价值。通过这些活动，学生可以更好地理解并内化慎独的概念，将其融入日常的网络使用和社交行为中，从而在信息化社会中成为具有良好道德素养的积极参与者。

慎独作为大学生网络行为自律的道德境界，不仅体现了个体在网络环境中的自我约束和责任意识，更是维护网络社区和谐发展的重要保障。通过慎独的实践，大学生能够在个人成长和社会互动中展现出积极的道德品质和社会责任感，为构建和谐的网络空间做出贡献。

三、大学生网络心理健康素质提升的重要途径

（一）设置心理健康教育网页版块

1. 网上心理健康知识教育宣传版块

大学生的网络心理健康素质提升需要综合运用多种途径，其中设置网上心理健康知识教育宣传版块是一种有效的手段。这样的网页版块旨在为学生提供全面、科学的心理健康知识，促进他们的心理健康意识和应对能力。

网上心理健康知识教育宣传版块可以提供各类心理健康问题的详细解读和分析。例如，介绍常见的心理健康问题如焦虑、抑郁、学习压力等，解释其症状和影响，帮助学生识别和理解自己可能面临的心理健康挑战。通过这些信息，学生能够更加清晰地认识到心理健康问题的普遍性和严重性，从而提高自我关注和求助意识。

该版块可以提供心理健康问题的预防和应对策略。例如，分享有效的应对压力和焦虑的方法，包括放松技巧、情绪管理策略、积极心态的培养等。这些策略不仅有助于学生预防心理健康问题的发生，还能提升他们应对挑战和压力的能力，促进心理健康的全面发展。

网上心理健康知识教育宣传版块还可以介绍和推广心理健康资源和服务。例如，向学生介绍学校内部的心理咨询服务、热线电话和在线咨询平台的使用方法和具体操作步骤。这些资源的推广能够有效地帮助那些需要专业帮助和支持的学生及时寻求和获取必要的心理健康服务，提高心理健康问题的解决效率。

在实施中，学校可以通过设立专门的网络平台或在已有的学校网站上设置心

理健康教育版块，为学生提供便捷的获取途径和信息来源。例如，校园网站的首页或学生服务页面可以设立专门的心理健康栏目，定期更新相关的心理健康知识和服务信息，吸引学生的关注和参与。

通过设置网上心理健康知识教育宣传版块，大学生的心理健康素质可以得到有效提升，他们能够更好地认识、预防和应对心理健康问题，同时提升心理健康服务的可及性和有效性，为学生的全面发展和学业成功提供坚实的支持和保障。

2. 网络心理健康调查和心理测验版块

设置网络心理健康调查和心理测验版块是提升大学生心理健康素质的重要途径之一。这样的版块不仅可以帮助学生了解和识别潜在的心理健康问题，还能提供个性化的建议，促进心理健康发展。

网络心理健康调查版块可以提供各种心理健康问题的自我评估工具和问卷调查。例如，学生可以通过填写焦虑、抑郁、社交恐惧等常见心理健康问题的评估问卷，快速了解自己的心理健康状况。这些问卷通常由专业心理学家设计，结合标准化评估工具，能够帮助学生初步认识自己的心理状态，发现潜在问题并及时寻求必要的支持和帮助。

心理测验版块可以提供针对特定心理健康问题的详细测验和测试。例如，针对学业压力、人际关系、情绪管理等方面的测验，帮助学生深入了解自己在这些方面的优势和挑战，同时提供个性化的建议和改进方案。这些测试结果可以作为学生制定个人成长和发展计划的重要参考依据，帮助他们更有针对性地进行自我调整和提升。

网络心理健康调查和心理测验版块还可以提供专业的心理咨询和支持建议。例如，根据学生填写的测验结果，系统可以自动生成相关的建议，如寻求心理咨询服务的途径、建议采取的自助方法或者推荐适合的心理健康资源。这种个性化的建议能够帮助学生更有效地应对心理健康问题，提高解决问题的效率。

在实施中，学校可以通过学生信息系统或者专门的心理健康平台设置这样的版块。例如，在学生服务中心的网站上，设立一个专门的心理健康测验与调查栏目，保证学生的隐私安全和信息保密。学校还可以定期更新和完善测验和调查工具，结合学生的反馈和需求，提供更加个性化和有效的服务。

通过设置网络心理健康调查和心理测验版块，学校可以有效提升大学生的心理健康素质。这不仅有助于学生自我了解和问题识别,还能为他们提供及时的专业建议和支持,促进心理健康问题的预防和解决,为学生的全面发展和学业成功提供有力保障。

3. 在线心理交流与讨论版块

在线心理交流与讨论版块作为提升大学生心理健康素质的重要途径,具有促进学生互动、分享和支持的功能。这样的版块不仅是能够提供情感释放和共享经验的平台,还能促进心理健康意识的普及和社区的形成。

在线心理交流与讨论版块可以成为学生们交流情感和分享经验的安全空间。例如,学生可以在这里匿名或实名分享自己的心理健康问题、感受和经历,得到他人的理解、支持和建议。通过分享,学生能够感受到彼此的共鸣和理解,减少孤独感和焦虑,增强心理调适能力,促进心理健康问题的自我认知和管理。

该版块可以为学生提供专业心理辅导和咨询的渠道。例如,学校可以安排专业心理学家或心理咨询师定期在线答疑或开展主题讨论,解答学生关于心理健康的疑问,提供个性化的心理支持和指导。这种形式的在线心理服务能够有效缓解学生的心理压力,帮助他们更好地调整情绪、解决问题。

在线心理交流与讨论版块还可以促进心理健康知识的传播和宣传指导。例如,定期举办心理健康讲座、专题论坛或线上学习小组,邀请专家学者或有经验的学长学姐分享心理健康知识和应对策略。通过这些活动,学生可以学习到更多关于心理健康的科学知识和实用技巧,增强对心理健康问题的预防和应对能力。

在实施中,学校可以通过建立专门的在线平台或在现有的学生社交平台上设置心理交流与讨论版块。例如,在学生论坛、社交媒体群组或学校官方网站上设立专门的心理健康交流版块,为学生提供发布问题、分享经验和寻求支持的功能。这样的设计不仅能够吸引学生的参与和关注,还能为他们提供一个开放、包容和支持的心理健康社区。通过建立在线心理交流与讨论版块,学校可以有效提升大学生的心理健康素质。这不仅有助于学生积极面对和应对心理健康问题,还能促进学生之间的互动和支持,形成积极的心理健康社区,为学生的全面发展和学业成功提供有力支持和保障。

(二) 建立健全大学生网络心理健康档案

建立健全大学生网络心理档案，把握学生心理变化轨迹，建立动态监控体系，是院校有效开展网上心理健康教育的重要方式。

1. 建立健全大学生网络心理健康档案的要求

建立健全大学生网络心理健康档案是提升心理健康服务效能和保障学生心理健康的重要举措。这样的档案不仅能够帮助学校更好地了解和跟踪学生的心理健康状况，还能为个性化的心理健康服务和干预提供必要的支持。

建立健全的大学生网络心理健康档案需要包括全面的个人信息和心理健康评估数据。每位学生的基本信息、心理健康历史、心理评估结果、接受过的心理咨询记录等。这些信息的收集和整理可以帮助学校形成学生的整体心理健康画像，识别潜在的心理健康问题，及时采取有效的干预措施。

档案应该包含定期更新的心理健康跟踪记录和评估结果。学校可以设立定期的心理健康评估时间点，对学生进行心理健康状况的跟踪和评估，记录学生在不同时间段内的心理状态变化和发展趋势。通过这种跟踪和记录，学校可以及时发现心理健康问题的变化和趋势，调整相应的服务和支持策略。

档案还应包括学生的心理健康服务和支持记录。学生接受过的心理咨询服务、参与过的心理健康活动、采取过的自助或治疗措施等。这些记录能够帮助学校评估和分析不同心理健康干预措施的有效性，优化和调整服务策略，确保学生获得最合适和最有效的心理健康支持。

在实施中，学校可以借助信息技术手段建立和管理大学生网络心理健康档案。通过学生信息系统或专门的心理健康管理平台进行信息的收集、存储和管理，确保数据的安全性和隐私保护。学校可以建立专业的团队负责心理健康档案的管理和分析，确保档案数据的及时更新和有效利用。

建立健全大学生网络心理健康档案不仅有助于学校全面了解和关注学生的心理健康状况，还能为个性化、有效的心理健康服务提供必要的支持。通过这样的档案管理，学校可以更好地保障学生的心理健康，促进他们的全面发展和学业成功。

2. 建立健全大学生网络心理健康档案的作用

建立健全大学生网络心理健康档案具有多方面的重要作用，对于提升心理健康服务效能和保障学生的心理健康具有显著的意义。这样的档案可以帮助学校全面了解和跟踪学生的心理健康状况。通过收集和整理学生的基本信息、心理健康历史、心理评估结果等数据，学校能够形成每位学生的心理健康画像。了解学生是否有焦虑、抑郁等问题以及这些问题的严重程度和持续时间。这种全面的了解有助于学校及早发现和干预学生可能存在的心理健康问题，为个性化的心理健康服务提供依据。

建立健全的心理健康档案可以提升心理健康服务的针对性和有效性。根据学生的档案数据，学校可以制定个性化的心理健康干预计划和服务方案。如果一个学生在过去曾经历严重的学业压力导致焦虑，学校可以通过档案记录的信息，针对性地为该学生提供相关的心理支持和应对策略，帮助其有效应对类似的压力。

心理健康档案还可以促进学生与学校心理健康服务团队之间的沟通和合作。学校可以根据档案数据定期进行心理健康评估和跟踪，与学生沟通他们的心理健康状况和变化趋势。通过这种及时的沟通和反馈，学校能够更好地理解学生的需求和反馈，调整和优化心理健康服务的内容和方式，提升学生对心理健康服务的满意度和依赖性。

健全的心理健康档案对于研究和推广心理健康服务的有效性也具有重要意义。学校可以通过分析档案数据，评估不同心理健康干预措施的效果和影响。通过这些数据分析，学校可以发现和推广最有效的心理健康服务模式和策略，提升整体的心理健康服务质量和水平。

建立健全大学生网络心理健康档案不仅有助于学校及时发现和干预学生的心理健康问题，提供个性化的心理健康服务，还能促进学生与学校心理健康服务团队之间的有效沟通和合作，同时为心理健康服务的研究和推广提供重要支持。这样的档案管理措施将为学校的心理健康工作提供有力支持，为学生的全面发展和学业成功保驾护航。

(三) 开展网络心理咨询

1. 电子邮件咨询

开展电子邮件咨询作为网络心理咨询的一种形式,在当今高科技环境下,为那些寻求离线、私密和便捷心理支持的个体提供了重要的选择。电子邮件咨询不受时间和地点限制,使得学生或他人能够在需要时获取专业的心理健康建议和支持,同时保持他们的隐私和匿名性。

电子邮件咨询的一个显著优势在于其能够为那些对面对面交流感到不适或难以腾出时间的人提供便捷的选择。例如,一名大学生可能由于社交焦虑而难以直接面对面地与心理健康专家交流,但通过电子邮件可以在舒适的环境中表达自己的问题和感受。这种方式使得他们能够更轻松地探索和讨论个人的情感和困扰,而不必面对面地面对自己的困难。

电子邮件咨询也为那些因地理位置或行动能力受限而无法亲自访问心理健康服务的人提供了方便。例如,居住在偏远地区或有行动障碍的人士,可以通过电子邮件与专业心理咨询师进行联系,获取所需的心理支持和建议。这种方式能够跨越地理和时间的限制,确保更多人能够获得及时的心理健康帮助。

在实施方面,电子邮件咨询通常通过专门设立的心理健康服务邮箱进行。学校或心理健康机构可以设立专门的电子邮件地址,接收学生或公众发送的心理咨询请求。这些请求会由专业心理健康专家进行处理和回复,确保咨询过程的专业性和有效性。然而电子邮件咨询也面临一些挑战和限制。其中之一是即时性和互动性的不足。由于电子邮件咨询是基于文字和非同步通信,咨询师和客户之间的交流可能没有面对面或实时视频咨询那样直接和即时。因此在处理紧急或情感高度激动的问题时,电子邮件咨询可能不如其他形式的咨询方式那样有效。

电子邮件咨询作为网络心理咨询的一种形式,为学生和公众提供了灵活、方便和保护隐私的心理健康服务选择。尽管它可能缺乏即时性和面对面交流的互动性,但在合适的情况下,电子邮件咨询能够为那些寻求心理健康帮助的个体提供重要的支持和指导,促进其心理健康问题的处理和解决。

2. 网络论坛、留言板

网络论坛和留言板作为网络心理咨询和支持的平台,为广大用户提供了分享经验、获取建议和表达情感的重要场所。这些平台通过匿名性和开放性，吸引了许多人参与讨论和交流，特别是在心理健康领域，它们扮演了不可或缺的角色。

网络论坛和留言板为用户提供了一个匿名表达的空间。例如，有些人可能因为羞怯或隐私考虑而不愿意在现实生活中分享自己的心理健康问题，但在匿名的网络论坛上，他们可以自由地发表感受、倾诉困扰，并与他人交流。这种匿名性带来了一种安全感，使得用户更愿意开放自己的内心世界，寻求他人的理解和支持。

网络论坛和留言板通过分享经验和建议，为用户提供了丰富的心理健康知识和应对策略。例如，一个论坛可能设有专门的心理健康板块，用户可以在这里找到各种心理健康问题的讨论和解决方案，如焦虑、抑郁、人际关系问题等。其他用户或专业从业者可以根据自己的经验和专业知识，为发帖者提供建议和支持，从而帮助他们更好地理解和应对自己的心理健康问题。

网络论坛和留言板也促进了用户之间的互动和社群感。例如，一些专门的心理健康社区通过讨论话题、组织线上活动等方式，吸引了大量关注心理健康问题的用户参与。在这些平台上，用户不仅可以寻求帮助，还能找到理解和支持的共同体，与他人分享彼此的心路历程，建立起互相支持的网络社群。

然而网络论坛和留言板也存在一些挑战，如信息的真实性和有效性问题，以及可能出现的不当言论和情绪失控现象。因此，为了保证平台的良好运行和用户的心理健康安全，管理者需要积极监管和引导讨论，建立良好的交流氛围和网络规范。

网络论坛和留言板作为网络心理咨询和支持的重要组成部分，为用户提供了一个开放、互动和支持的平台。通过匿名性的特点和丰富的信息资源，它们不仅帮助用户更好地理解和应对自己的心理健康问题，还促进了用户之间的互动和社群感，成为现代社会中不可或缺的心理健康服务形式之一。

3. 网上聊天咨询

网上聊天咨询是一种通过即时通信工具进行的心理健康服务形式，它通过文字交流的方式，为用户提供了随时随地、实时性强的心理支持和咨询。这种形式的咨询能够有效地满足那些希望在家中或其他舒适环境中寻求帮助的个体的需求，同时保护其隐私和匿名性。

网上聊天咨询即时性的特点，为用户提供了快速的心理支持渠道。例如，一个学生可能因考试压力而感到焦虑，但由于繁忙的日程安排或其他原因无法亲自访问心理健康中心。在这种情况下，他可以通过即时通信工具，与专业的心理健康咨询师进行文字交流，即时表达自己的困扰和情感。这种即时性帮助可以在关键时刻提供及时的支持，减轻用户的心理压力和焦虑感。

网上聊天咨询为用户提供了便捷的访问途径。无论是由于地理位置、时间安排或其他因素，用户都可以在需要时方便地使用手机或电脑进行咨询。例如，一个工作繁忙的职场人士可能很难腾出时间去到心理健康中心，但他可以在工作间隙或晚上在家里通过网上聊天咨询平台获取心理支持。这种方便性使得更多有需要的个体能够接触到专业的心理健康服务，及时应对和处理自己的心理健康问题。

网上聊天咨询还通过文字交流的形式，帮助用户更加深入地探索和理解自己的情感和困扰。相比于面对面的交流，文字交流可以让用户更加沉思和详细地表达自己的感受和想法，同时也使得咨询师能够更全面地理解用户的问题和需求。例如，一个用户可能会更倾向于通过文字描述自己的内心状况，这种表达方式有助于用户和咨询师建立起更深入的沟通和理解。

然而网上聊天咨询也需要面对一些挑战，如文字交流可能会导致信息理解上的误解或遗漏，在互动性和情感表达上具有局限性。因此，咨询师需要具备良好的文字沟通技巧和理解能力，以确保咨询过程的有效性和专业性。

网上聊天咨询作为一种现代化的心理健康服务形式，通过即时通信工具为用户提供了便捷、实时和保护隐私的心理支持渠道。它不仅满足了用户在忙碌或难以访问传统咨询服务时的需求，还通过文字交流帮助用户更深入地探索和理解自己的情感和困扰，有效促进了心理健康问题的处理和解决。

4. 网络会议咨询

网络会议咨询是一种通过视频会议工具进行的远程心理健康服务形式，它结合了面对面咨询的互动性和远程咨询的便捷性，为用户提供了高度个性化和有效的心理支持和治疗方案。

网络会议咨询通过视频会议工具实现了咨询师和用户面对面的实时互动。例如，一名大学生可能由于学业压力而感到焦虑和抑郁，但由于时间安排或地理位置的限制，无法亲自前往心理健康中心。在这种情况下，他可以通过网络会议工具与专业的心理健康咨询师进行视频通话，实时分享自己的感受和困扰。这种面对面的视觉和语言交流，使得咨询师能够更直接地观察用户的情绪变化和表达方式，从而更准确地评估和处理用户的心理健康问题。

网络会议咨询为用户提供了灵活的时间和地点安排。无论是用户在家中、办公室或其他任何舒适的环境，他们都可以通过电脑或手机参与视频会议咨询，无需长途跋涉到达咨询地点。例如，一个职业人士可能在工作间隙选择进行网络会议咨询，这种便捷性使得更多人能够在自己方便的时间进行心理健康咨询，不受时间和地点的限制。

网络会议咨询还为用户和咨询师提供了更广泛的专业选择和匹配。例如，一些专业的心理健康服务机构可以通过网络会议咨询，为用户提供更多的心理健康专家选择，并根据用户的需求和背景进行最佳的匹配。这种个性化的服务选择能够更好地满足用户的需求，提升咨询效果和用户满意度。

然而网络会议咨询也需要面对一些挑战，如技术设备的要求和稳定性问题，面对面咨询时可能存在的非言语沟通和互动性的局限性。因此，咨询师和用户都需要具备良好的视频会议技能和沟通能力，以确保咨询过程的顺利进行和有效性。

网络会议咨询作为一种现代化的心理健康服务形式，通过视频会议工具为用户提供了面对面、实时和个性化的心理支持和治疗方案。它不仅弥补了传统面对面咨询的时间和地点限制，还通过视觉和语言交流的方式促进了咨询师和用户之间更深入和有效的沟通，有效帮助用户应对和处理各种心理健康问题。

（四）开展网络心理教育活动

1. 开设网络心理课堂

开设网络心理课堂是一种利用互联网和数字技术，提供心理健康教育和知识传播的有效途径。这种形式的教育活动可以通过在线视频课程、网络直播、互动讨论等多种方式，使心理健康知识更加普及和易于获取。

网络心理课堂通过在线视频课程的形式，向公众传授心理健康知识和技能。例如，一家心理健康机构可以在其官方网站或专门的在线教育平台上开设系列视频课程，涵盖抑郁症、焦虑症、应对压力等主题。这些课程通常由专业心理学家或临床心理医师讲授，内容丰富、结构清晰，旨在帮助参与者更好地了解和应对各种心理健康问题。

网络心理课堂通过网络直播的形式，提供了与专家互动的机会。例如，一个心理健康教育平台可以定期组织网络直播讲座，邀请知名心理学家或心理健康专家进行在线讲解和答疑。参与者可以通过实时评论或在线问答的方式，与专家进行互动交流，提出自己的疑问和观点，从而获得更深入的理解和心理健康知识。

网络心理课堂还通过互动讨论和在线社区建设，促进了学习者之间的知识分享和经验交流。例如，在一个心理健康教育平台的课程页面上，学习者可以参与课后讨论区或在线社群，与其他参与者讨论课程内容、分享个人体验和应对策略。这种互动和社区建设不仅加深了学习者对心理健康知识的理解，还增强了他们的社会支持网络和心理健康自助能力。

然而开设网络心理课堂也需要注意一些挑战和限制。网络技术稳定性和参与者的技术设备水平可能会影响课堂的顺利进行，如何确保课程的内容科学、权威以及如何保护学习者的隐私和数据安全，也是需要认真考虑和解决的问题。

通过开设网络心理课堂，可以有效地普及心理健康知识，提升公众的心理健康意识和能力。这种形式的心理教育活动不仅适应了现代社会信息化的趋势，还通过多样化的教学方式和互动形式，为学习者提供了更便捷、高效和互动性强的学习体验，对促进社会心理健康发挥了重要作用。

2. 建立班级博客，网上召开心理健康主题班会

建立班级博客并通过网络召开心理健康主题班会，是促进学生心理健康的一种创新方式。班级博客可以作为学生分享心理健康经验、信息和资源的平台，而网上召开的班会则可以为学生提供便捷的参与机会和开放的讨论空间。

班级博客可以成为学生们交流心理健康话题的安全空间。班级可以设立一个专门的心理健康板块，学生可以在这里发布关于应对学业压力、人际关系挑战、情绪管理等方面的文章或个人经历。通过分享自己的故事和心得，学生们不仅可以得到情感上的支持，还能从他人的经验中学习有效的应对策略，建立起互相支持的社区感。

网上召开心理健康主题班会能够扩展学生们的参与度和互动性。班级可以利

用视频会议工具，定期召开专题班会，邀请心理健康专家或学校心理辅导员进行主题讲座或小组讨论。学生们可以在讨论中分享彼此的观点和体验，共同探讨如何有效地应对和管理心理健康问题。这种互动性和开放性的讨论有助于提升学生的心理健康意识和应对能力。

建立班级博客和网上班会也有助于学校和家庭共同关注学生的心理健康状况。家长可以通过博客了解班级和学校对心理健康的关注程度以及学生在心理健康方面的成长需求。学校可以通过班级博客和网上班会，及时发现和介入学生可能存在的心理健康问题，为他们提供及时的支持和指导。

然而，要保证班级博客和网上班会的有效运作，学校需要确保平台的安全性和隐私保护措施，以防止敏感信息的泄露和不当使用，还需要定期评估和调整这些平台的运行方式，以确保它们能够真正发挥促进学生心理健康的作用。

建立班级博客并通过网络召开心理健康主题班会，不仅拓展了学生们获取心理健康知识和资源的途径，还促进了学生之间的互动和支持，提升了整体的心理健康意识和社会支持网络。这种创新的教育形式为学校和家庭共同关注学生心理健康提供了有力的工具和平台。

3. 探索新型网络心理咨询模式 QQ 群的应用

探索新型网络心理咨询模式，如通过 QQ 群的应用，为用户提供了更便捷和互动性强的心理健康支持平台。QQ 群作为一个集体性强、信息传播快速的在线社交平台，能够有效地满足广大群众对心理咨询和支持的需求。

QQ 群的应用使得心理咨询服务更加灵活和高效。一个专业的心理健康团队可以创建一个专题 QQ 群，针对特定的心理健康问题或主题进行定期的在线讨论和互动。参与者可以在群内分享自己的情感体验、遇到的困扰或者向专家咨询问题。这种群体的互动和分享，不仅扩展了参与者的知识和视野，还增强了他们的心理支持网络。

QQ 群的应用为心理咨询师和用户提供了更直接和实时的交流方式。比如，一位用户可能因生活中的挑战而感到焦虑，他可以在群里即时寻求他人的建议和鼓励。而心理咨询师可以利用群内的实时聊天和群发功能，及时传达心理健康知识和应对技巧，以解答群成员的疑问并提供支持。

QQ 群的应用还能够促进群内成员之间的互相支持和情感交流。例如，在一个帮助焦虑症患者的 QQ 群中，群成员们不仅可以接受专业咨询师的指导，还可以互相分享情绪管理的方法和成功经验。这种群体的支持和共享，有助于减少孤独感和社会孤立感，增强心理健康的自我管理能力。

然而，为了确保 QQ 群心理咨询的有效性和安全性，管理者需要建立明确的群规和行为准则，监控群内信息的传播和互动情况，及时介入和处理可能存在的问题。保护用户的隐私和个人信息安全也是使用 QQ 群进行心理咨询时需要重视的问题。

4. 利用手机短信开展心理健康教育

利用手机短信开展心理健康教育是一种便捷而有效的途径，可以广泛覆盖大众，并提供即时的支持和信息。通过手机短信，可以向用户传递关于心理健康的知识、技能和资源，帮助他们更好地理解和应对心理健康问题。

手机短信可以定期发送心理健康小贴士和建议，帮助用户学习和实践简单的心理健康技能。例如，一家心理健康机构可以每周定期发送有关压力管理、情绪调节或睡眠改善的短信，提醒用户保持良好的心理健康习惯。这些小贴士通常简洁明了，易于理解和操作，有助于用户在日常生活中积极调整心态和行为。

手机短信还可以用于推广和提醒心理健康活动和资源。例如，一次心理健康宣传活动即将举行，组织者可以通过短信向社区居民发送邀请信息和活动详情。这种定向推送能够有效提高活动的参与率，同时加深公众对心理健康话题的关注和认知。

手机短信还可以用于提供心理健康热线和咨询服务的信息。例如，一家心理健康服务中心可以在短信中发布 24 小时心理援助热线的联系方式，并提供简要的咨询服务介绍。这种信息的传递，不仅方便了需要帮助的人群，还能够及时引导他们寻求专业的心理健康支持。

然而，要确保手机短信在心理健康教育中的有效性和影响力，需要注意信息内容的准确性和实用性，避免过于复杂或晦涩的表达方式，也要尊重用户的隐私权和个人偏好，确保他们愿意接受并参与到这种形式的心理健康教育中来。

5. 开发心理健康教育软件

开发心理健康教育软件是为了通过技术手段更广泛地传播心理健康知识和提

供支持服务。这类软件可以结合互动性强的用户界面和科学的内容,帮助用户了解、管理和改善自己的心理健康状况。

心理健康教育软件可以提供多样化的学习资源和工具。软件可以包括心理健康课程视频、文章和互动模块,涵盖焦虑、抑郁、应对压力等常见心理健康问题的解释和应对方法。用户可以根据自己的需求和兴趣选择学习内容,自主学习和提升心理健康知识。

心理健康教育软件可以通过互动和个性化的功能,提升用户的学习体验和参与度。软件可以设置个人化的健康评估问卷,根据用户的回答提供定制化的建议和资源推荐。用户还可以参与在线测验、情绪日志记录和在线咨询等互动活动,以增强他们的自我认知和管理能力。

心理健康教育软件还可以通过提供社区支持和资源共享功能,促进用户之间的交流和支持网络的建立。软件可以设立用户社区论坛或在线小组,让用户分享经验、交流心得,互相支持和鼓励。这种社区互动不仅有助于减少用户的孤独感和焦虑感,还能增强他们的社会支持网络,促进心理健康的积极发展。

四、互联网与大学生心理健康教育的创新性研究

(一)网络环境下大学生自我教育

1. 提升自我教育和自我管理水平

在互联网普及的今天,大学生可以通过网络环境有效提升自我教育和自我管理水平,特别是在心理健康教育方面。互联网为大学生提供了广泛的信息资源和交流平台,有助于他们更全面地了解和应对心理健康问题。

大学生可以通过网络获取丰富的心理健康知识。他们可以浏览专业网站、在线学术期刊和健康资讯网站,了解各种心理健康问题的症状、原因和治疗方法。一些心理健康网站如"心理学家在线"、"心理学每日在线"等,为大学生提供了丰富的心理学知识,例如抑郁症、焦虑症等等。

大学生可以通过网络平台参与心理健康教育课程和活动。许多大学和心理健康组织开设了在线课程和讲座,涵盖从压力管理到心理弹性的多个主题。这些课程不仅提供了理论知识,还可以通过案例分析和互动讨论帮助学生实践应对策

略，提升他们的自我管理和应对能力。

互联网还支持大学生在心理健康问题上进行自我评估和监测。有些应用程序和网站提供在线的心理健康测试和问卷调查，帮助学生评估自己的心理健康状态并提供个性化的建议。

通过这些工具，学生可以及时发现潜在的心理健康问题，并采取适当的措施进行干预或寻求专业帮助。尽管互联网为大学生心理健康教育带来了诸多便利，但也需要注意信息的可信性和个人隐私的保护。大学生在利用网络资源时应保持批判性思维，选择权威的信息来源，避免受到不准确或误导性信息的影响。

2. 开启大学生元认知能力

开启大学生的元认知能力意味着帮助他们认识、理解和管理自己的学习过程与心理状态。这种能力不仅有助于提高学习效率，还能促进个人的自我成长和心理健康。

通过教育与培训，大学生可以学习元认知策略和技巧。学习如何设立明确的学习目标，如何评估和监控自己的学习进展，如何调整学习策略以应对不同的学习挑战。这些技能有助于学生更有效地组织和管理自己的学习过程，提高学习效率和成绩。

借助技术工具，大学生可以开发和实践元认知能力。有些学习管理软件和应用程序可以帮助学生制定学习计划、设置提醒、记录学习时间和进度以及分析学习成果。通过这些工具，学生可以更清晰地了解自己的学习习惯和效果，进而调整和改进学习方法。

心理健康教育也是培养大学生元认知能力的重要途径。心理健康课程和辅导活动可以帮助学生认识到情绪、压力对学习的影响，学习如何管理情绪并保持心理健康。通过情绪调节技巧的训练，学生可以更好地控制情绪波动，减少情绪对学习效果的负面影响。

（二）培养新型心理健康教育工作者

1. 心理健康教育工作者角色的转变

随着社会心理健康意识的提升和心理健康问题的增多，心理健康教育工作者的角色正在转变。传统上,他们主要承担心理咨询和心理疾病治疗的角色,但现在他们的工作范围和职责已经扩展到了更广泛的心理健康教育和预防工作。

现代心理健康教育工作者不仅关注于个体的心理问题,更重视社会和群体层面的心理健康问题。他们可以参与开发和实施针对学校、社区或工作场所的心理健康教育计划,通过推广心理健康知识和技能,预防心理健康问题的发生和恶化。

心理健康教育工作者在教育和培训方面的角色越来越重要。他们不仅向公众传授心理健康知识,还培养和提升他人的心理健康意识和能力。他们可以组织心理健康课程、工作坊和讲座,帮助大众学习情绪管理、应对压力、改善人际关系等关键技能。

现代心理健康教育工作者还扮演着社会变革的推动者和倡导者的角色。他们积极参与公共政策的制定和倡导,争取心理健康资源的投入和政策的支持。他们可以与政府机构、非营利组织和学术界合作,推动心理健康法律法规的出台,促进社会对心理健康问题的关注和支持。

然而,随着工作角色的转变,心理健康教育工作者面临着新的挑战和机遇。他们需要不断更新自己的知识和技能,适应快速变化的社会环境和心理健康需求,以更好地履行其教育、预防和支持的使命,为社会心理健康事业作出积极贡献。

2. 提升心理健康教育工作者的信息素质

提升心理健康教育工作者的信息素质对于他们有效开展工作至关重要。信息素质包括对信息的获取、评估、利用和管理能力,特别是在数字化和信息化时代,这些能力对于心理健康教育工作者来说更显重要。

心理健康教育工作者应具备获取最新科学知识的能力。他们需要了解心理学、精神医学以及相关领域的最新研究和理论进展,以便为群体提供准确、权威的信息。通过订阅专业期刊、参加学术会议以及访问学术网站,他们可以及时了解心理健康领域的前沿知识。

评估信息的能力是关键。在信息爆炸的时代,存在着大量不准确、误导性或偏见性强的信息。心理健康教育工作者需要具备批判性思维和评估信息质量的能力,以确保他们传播的信息是可信和科学的。他们可以学习如何辨别权威的学术来源和研究方法，避免误导公众。

利用信息技术和数字工具的能力也是提升信息素质的重要方面。现代心理健康教育工作者可以利用社交媒体、在线教育平台和移动应用程序来传播心理健康知识，增强公众的健康意识和教育效果。通过制作教育视频、撰写博客文章或建立在线课程，他们能够有效地触达更广泛的受众。

然而，要提升心理健康教育工作者的信息素质，除了技术和学术能力，还需要关注他们的沟通和教育技能。他们应该能够将复杂的心理学概念和治疗方法转化为易于理解和实践的信息，帮助公众和个体提升心理健康水平。

3. 关注心理健康教育工作者的心理健康

关注心理健康教育工作者的心理健康至关重要，因为他们的工作本身与心理健康问题息息相关，而且在教育和帮助他人的过程中，他们可能面临来自工作压力和情绪负担的挑战。

心理健康教育工作者常常需要处理他人的心理困扰和情绪问题，这可能对他们的情感和心理状态产生影响。长期倾听和与情绪问题的个体互动可能引发同理心疲劳或情绪疲惫，甚至导致职业倦怠。这些心理健康挑战需要得到关注和支持，以保证他们能够持续有效地履行自己的职责。

心理健康教育工作者也面临来自工作环境和职业特性的压力。工作中可能存在的时间压力、资源限制以及与他人合作的复杂性，都可能对他们的心理健康构成潜在威胁。因此，为他们提供必要的资源、支持和心理健康教育至关重要。

关注心理健康教育工作者的心理健康不仅有助于他们个体的幸福和健康，也直接影响到他们在工作中的表现和效果。通过建立支持体系、定期的心理健康检查和提供心理健康服务，可以帮助他们更好地管理工作压力和情绪波动，保持良好的心理状态和工作效率。

（三）大学网络意见领袖

1. 大学网络意见领袖的作用

大学网络意见领袖在当今社会中扮演着重要的角色，他们通过社交媒体平台和在线论坛等渠道，影响着大量同龄人的观点和行为。他们不仅仅是信息的传播者，更是社会舆论和文化趋势的塑造者。

　　大学网络意见领袖通过其独特的个人魅力、专业知识或者特定主题领域的深入见解，吸引了大量的关注者和粉丝。例如，一位大学生可能因其在科技创新领域的深厚造诣而成为科技新品的推广者，其在社交媒体上分享的见解和评测能够影响许多同学的购买决策。

　　大学网络意见领袖在社会和政治问题上的言论和行动，往往也能引发广泛的讨论和关注。例如，某些大学生可能因其对社会公正或环境保护等议题的敏锐关注而成为引导舆论的重要力量，通过社交媒体上的倡导和组织，推动社会变革和意识形态的转变。

　　大学网络意见领袖还在文化和消费习惯方面发挥着重要作用。他们的审美和生活方式不仅影响到他们的同龄人，也对市场趋势和产品设计产生深远影响。例如，一些时尚、美妆或生活方式领域的意见领袖，通过其独特的风格和品位，推动了特定品牌和产品的流行和销售。

　　大学网络意见领袖不仅仅是数字时代的现象，更是社会、文化和市场发展的重要推动者。他们通过个人影响力和社交媒体的广泛传播，成为连接大学生群体与社会大众的桥梁，塑造着当代青年群体的价值观和行为模式。因此，了解和理解他们的作用及其影响力，对于品牌营销、社会政策制定以及文化传播都具有重要意义。

　　2. 大学网络意见领袖的管理

　　管理大学网络意见领袖需要细致而有效的策略，以确保他们的影响力和行为在合理范围内，并产生积极的社会影响。

　　有效的管理包括建立明确的指导方针和规范。大学可以制定社交媒体使用准则和行为规范，明确网络意见领袖在表达观点和参与公共话题时的责任和义务。指导方针可以规定避免涉及敏感话题或恶意言论，以维护校园和谐和公共形象。

　　建立沟通和监督机制至关重要。大学管理团队可以定期与网络意见领袖进行沟通，了解他们的活动和影响，同时提供必要的支持和反馈。这种机制有助于及时发现和解决潜在的问题，确保网络意见领袖的行为符合大学的价值观和发展方向。

　　教育和培训也是有效管理的重要组成部分。大学可以通过举办工作坊、培训课程或邀请专家讲座的方式，提升网络意见领袖的社会责任感和专业素养。例如，针对如何有效传播信息、辨别信息来源的训练，有助于他们更加负责地使用其影响力。

建立社区和支持网络是管理大学网络意见领袖的有效途径。通过组织面向意见领袖的社区活动或者建立在线平台，大学可以促进意见领袖之间的互动和经验分享，增强他们的凝聚力和影响力。这种社区支持不仅能够提升意见领袖的工作满意度，还能够增强其在校园内外的正面影响力。

有效管理大学网络意见领袖不仅有助于优化他们的行为、扩大影响力，还能够提升大学的整体形象和社区氛围。通过明确的指导方针、有效的沟通机制、专业的培训和社区支持，大学可以更好地发挥网络意见领袖在推动正面社会变革和文化传播中的作用。

（四）丰富网络教育内容

1. 网络法律法规教育

丰富网络教育内容，特别是关于法律法规的教育，对于提升公众的法律意识和法律素养至关重要。开展网络法律法规教育，可以普及法律知识，帮助个人和社会更好地理解和遵守法律规定，从而维护社会秩序和公共利益。

网络法律法规教育能够扩大法律知识的覆盖面和普及率。各级法院和法律专家可以通过在线平台，向公众介绍最新的法律条文、案例分析以及法律应用实务，使公众能够及时了解和理解法律的具体内容和适用范围。

通过在线教育平台和法律网站提供的法律课程和知识库，个人可以在自己选定的时间和地点学习法律知识，提升自我保护意识和法律遵从能力。一些大学和法学院通过 MOOC（大规模开放在线课程）平台提供法律基础课程，使更多人可以免费获取法律教育资源。

网络法律法规教育还能够促进公众的法治观念和法律意识。通过案例分析、互动讨论和在线咨询服务，公众能够学习如何在日常生活中合法维权、预防法律风险，从而提高对法律的尊重和信任。

针对特定群体的定制化法律教育也是丰富网络教育内容的重要方面。例如，针对企业管理者的商业法律课程、针对青少年的法律知识普及等，都能够有效满足不同群体的特定需求，提升他们的法律素养和社会责任感。

通过丰富网络法律法规教育内容，可以使更多人受益于法律知识的普及和深入理解，从而推动社会法治建设的进步，保障公民的合法权益和社会的稳定发展。

2. 优秀传统文化教育

优秀传统文化教育在当今社会中具有重要意义，它不仅有助于传承和弘扬民族文化的精髓，还能够培养个体的文化自信和社会责任感。通过网络教育平台，优秀传统文化可以更广泛地传播和普及，影响更多的人群，特别是年轻一代。

优秀传统文化教育有助于提升文化自觉和认同感。例如，通过在线阅读和讨论中国的经典文学作品如《红楼梦》、《论语》等，年轻人可以更加深入地了解和体验传统文化的深度和魅力，从而增强对文化传承的自豪感和责任感。

优秀传统文化教育有助于培养跨文化理解和包容性。通过比较研究不同文化间的共同点和差异，例如东西方文化的比较，可以促进个体对多元文化的理解和尊重，培养开放的国际视野和交流能力。

传统文化教育还能够激发创新和艺术表达的潜力。例如，传统绘画、音乐、戏剧等艺术形式，通过在线课程和工作坊的形式，能够启发学习者的创造力和艺术天赋，推动传统艺术的现代转化和创新发展。

优秀传统文化教育通过培养人文素养和社会责任感，有助于构建和谐社会。通过传统道德伦理的教育，例如孝道、礼仪等，可以引导个体树立正确的人生观和价值观，促进社会公德的提升和社会风气的净化。

优秀传统文化教育通过网络平台的广泛传播和深入挖掘，不仅有助于文化遗产的保护和传承，还能够为个体和社会的全面发展提供重要支持。通过这种教育形式，传统文化得以与现代生活融合，为社会的文化多样性和可持续发展贡献力量。

3. 理想信念教育

理想信念教育是培养个体坚定理想和信念的重要途径，通过网络教育平台，可以更加广泛地传播和深化这一教育内容，影响和激励更多的人。

理想信念教育有助于塑造个体的人生方向和目标。例如，通过介绍马克思、甘地等伟大历史人物的理想信念以及现代社会的成功案例，可以激发学习者追求卓越、追求真理、追求公平的精神，帮助他们明确个人发展的长远目标。

理想信念教育有助于培养个体的社会责任感和公民意识。通过讨论社会发展和公共利益，例如环境保护、社会公正等议题，引导学习者思考如何以理想信念为指引，为社会进步和共同利益贡献力量，从而培养其积极参与社会事务的意识和能力。

理想信念教育还能够增强个体的心理素质和抗挫折能力。通过分享并分析历史上和现实生活中的挑战和困难，教育学习者如何在困境中坚守理想和信念，保持乐观和勇敢面对逆境的心态，提升个人的心理韧性和自我调适能力。

通过在线平台的互动和资源分享的方式开展，能够促进跨文化、跨地域的理念交流和共享。例如，国际性的在线讨论和项目合作，可以使不同背景的学习者分享各自的理想信念，从而促进全球文化交流和理念碰撞，激发创新和变革的力量。

理想信念教育通过网络教育平台的有效传播和实践，不仅有助于个体的全面发展和社会责任感的培养，还能够推动社会的价值观念进步和共同进步。通过这种教育形式，人们可以更好地理解和践行理想信念，为个人成长和社会发展贡献积极力量。

第二节　学生互联网道德心理及其素质提升

一、互联网道德心理结构

（一）网络道德心理过程

互联网道德心理结构的理解和提升是当前教育领域中备受关注的议题。它涉及个体在使用互联网时所形成的道德判断和行为准则，直接影响到个体的在线行为和社交互动。

互联网道德心理的形成是一个复杂的心理过程。在这个过程中，个体通过观察、学习和参与互联网社区，逐步建立起对网络行为规范的认知和理解。例如，一个学生在网上看到他人的分享或者评论，可能会根据自己的道德观念来评判其行为的正当性和社会影响，进而调整自己的行为模式。

网络道德心理的过程受到个体文化背景、教育经历和社会环境的影响。不同国家或地区的文化传统和价值观念对个体在互联网上的道德判断有着显著的影响。一些文化强调个体责任和社会和谐，而另一些文化可能更加注重个人权利和自由，这些因素都会影响到个体在互联网使用中的道德心理过程。

互联网道德心理过程还受到技术发展和平台规则的影响。随着科技的进步，新兴技术如人工智能、大数据分析等在互联网平台上的应用，可能会引发新的道德难题和伦理考量，如数据隐私、信息真实性等问题，需要个体在使用互联网时进行深思熟虑和理性决策，这些决策过程就构成了互联网道德心理的一部分。

个体在互联网上的行为和决策不仅影响到自身，也会对社会产生广泛影响。例如，一个学生在社交媒体上发布的言论或行为可能会引发公众舆论的讨论和社会影响。因此，个体在形成互联网道德心理时需要考虑到自己的行为对他人和社会的潜在影响，以此来规范和调整自己的网络行为。

互联网道德心理结构的形成是一个综合而深刻的心理过程，涉及个体的认知、文化背景、技术环境和社会责任等多个方面。通过深入理解和有效引导，可以帮助学生更好地理解和应对互联网上的道德挑战，提升其网络素质，增强社会责任感。

（二）网络道德大学生心理

网络道德对大学生心理的影响是当今教育和社会发展中的重要议题。大学生作为社会新生代的重要组成部分，其互联网使用行为和道德选择直接关系到其个人成长和社会责任。

互联网在大学生心理中扮演了重要角色，它不仅是获取知识、交流信息的重要平台，也是进行社交、表达个性的主要途径。然而，随着互联网的普及和信息化进程的加速，大学生在网络上面临的道德问题也日益复杂和严峻。网络道德对大学生心理的影响体现在他们的价值观和行为模式中。例如，一些大学生可能因为社交媒体上的炫耀和攀比，导致自身产生不良情绪，比如自卑感或社交焦虑。

网络欺凌、隐私泄露等道德问题也可能给大学生带来心理压力和负面影响。大学生的网络行为往往受到同龄人和社会舆论的影响。例如，在某些互联网社区中，一些大学生可能因为追求炫酷或者赞美而发表不真实的言论或图片，这种行为可能会在心理上带来虚荣感，但也可能因为道德认知不足而带来负面后果。大学生在互联网上形成健康的道德心理结构，需要全社会的共同努力和有效引导。学校可以通过开设网络伦理教育课程或者举办道德心理辅导活动，帮助学生识别和应对互联网上的道德风险。家庭和社会也要加强对大学生道德发展的关注和引导，帮助他们形成正确的网络使用态度和价值观。

大学生的网络道德心理是一个复杂而多元的心理过程，涉及到个体的认知、社会互动以及个人发展。全方位的教育和有效的引导可以帮助大学生树立正确的网络伦理观念，提升其道德素质和社会责任感，为其未来的成长和社会角色的发挥打下坚实基础。

（三）网络道德心理结构的特点

网络道德心理结构具有多方面的特点，这些特点反映了个体在互联网使用过程中形成的道德认知和行为模式。理解这些特点有助于有效引导和促进个体的健康网络行为。

网络道德心理结构的特点之一是多元化和复杂性。随着互联网技术的发展和应用场景的扩展，个体在网络上面对的道德问题日益多样化和复杂化。例如，隐私保护、信息真实性、网络欺凌等问题，都需要个体在不同情境下进行深思熟虑和行为选择。

网络道德心理结构具有文化多样性和地域性的特点。不同文化背景和社会环境下的个体，对于互联网上道德问题的看法和处理方式可能存在显著差异。例如，西方国家和东方国家在隐私观念和言论自由等方面的差异，直接影响了个体在网络上的道德判断和行为准则。

网络道德心理结构还显示出技术驱动和实践引导的特征。随着技术的进步，人工智能、大数据分析等技术在互联网上的应用，个体在处理信息和参与互动时面临新的道德挑战。例如，个体如何在信息爆炸的时代，保持信息真实性和客观性，是一个需要技术与道德相结合的重要议题。

网络道德心理结构的特点还包括社会化和个体化的双重影响。个体在互联网上的道德认知和行为模式既受到社会群体的影响和社交互动的塑造，也反映了个体自身的道德观念和伦理选择。例如，社交媒体上的言论和行为受到同伴圈子和社会舆论的影响，同时也反映了个体对信息真实性和社会责任的个人态度和选择。

网络道德心理结构的特点丰富多样，体现了个体在互联网使用过程中形成的复杂道德认知和行为模式。通过深入理解和有效引导，可以帮助个体树立正确的网络伦理观念，提升其网络素质和社会责任感，从而促进互联网社会的健康发展和人类共同进步。

二、提升大学生网络道德心理素质

（一）进行网络道德教育，深化网络道德认知

1. 诚信无害

提升大学生网络道德心理素质，特别是通过深化网络道德认知，是当前教育工作中的重要任务。在进行网络道德教育时，诚信和无害原则对于塑造学生正确的网络行为态度和价值观至关重要。

诚信是网络道德教育的核心原则之一。大学生应当学会在互联网上诚实守信，不虚假宣传、不抄袭剽窃、不利用技术手段作弊等。这种诚信精神不仅体现了个体的道德水准，也是建立良好网络社会秩序的基础。例如，一些高校通过课程作业检测系统和学术诚信宣传，帮助学生理解和认同诚信的重要性，从而避免和减少学术不端行为的发生。

无害原则强调大学生在网络使用中应当避免言论暴力、人身攻击和传播不良信息等行为。通过深化网络道德教育，学生能够意识到个体的网络行为可能对他人造成的伤害，从而自觉约束和规范自己的言论和行为。例如，一些大学在校园网络社区中设立举报机制和道德倡议，鼓励学生积极参与建设和维护良好的网络环境。

深化网络道德认知还需要结合具体的案例分析和实践指导。案例教学可以让学生深入了解各类网络道德问题的具体表现和后果，提高其应对和解决问题的能

力。例如，通过讨论社交媒体上的事件案例，引导学生分析其中的道德冲突和解决方案，从而使他们能够在实际情境中更加理性和成熟地处理类似问题。

有效的网络道德教育需要学校、家庭和社会多方合作。学校可以通过开展网络道德教育主题日、举办论坛讲座等形式，增强学生对网络道德问题的关注和认知。家庭和社会也应当加强对青少年的道德引导，培养他们形成正确的网络使用态度和价值观，形成全社会共同推动的良好氛围。

通过深化网络道德教育，特别是强调诚信无害原则，可以有效提升大学生的网络道德心理素质。这不仅有助于个体在互联网上形成良好的行为习惯和价值取向，也为社会的健康发展和人类文明的进步贡献了积极力量。

2. 文明友善

提升大学生的网络道德心理素质，特别是强调文明友善原则，对于建设和谐互联网社会至关重要。文明友善不仅关乎个体的社交礼仪和行为规范，更涉及到互联网社区的文化建设和公共精神的培养。

文明友善意味着在互联网上尊重他人、关心社会，积极维护良好的网络环境。大学生应当学会在网络交流中避免使用侮辱性言语、歧视性言论或激进的观点表达，而是通过理性、平和的方式与他人进行讨论和交流。例如，在大学生活中，一些学生社团和论坛通过制定网络礼仪和行为准则，鼓励成员在互联网上展现文明友善的态度和行为，促进社区成员之间的和谐互动。

文明友善也包括关注公共利益和社会责任。大学生在互联网使用过程中，应当注意言行举止对社会的影响，避免传播不实信息或参与无意义的争吵和争端。例如，一些大学通过开设公共事务课程或者社会责任实践活动，引导学生关注社会问题，培养其良好的公民意识和社会责任感，从而在互联网上表现出积极的社会参与态度。

文明友善还要求大学生在网络互动中展现出理解和包容的品质。面对不同文化背景和价值观念的他人，应当保持开放心态，尊重多样性，并尽可能避免造成误解或冲突。例如，一些国际交流平台或者多元文化学校通过组织跨文化交流活动，帮助学生增进对他人文化的理解和尊重，从而在互联网上促进跨文化交流和友好合作。

实现文明友善的网络环境需要全社会的共同努力。学校应当加强网络礼仪和文明交流的教育，家庭应当从小培养孩子的社交礼仪和文明素养，社会也应当通过法律法规和道德宣传，引导个体形成良好的网络行为习惯和价值观念。

3. 自律自护

提升大学生的网络道德心理素质，强调自律自护原则，对于塑造健康的网络使用态度和行为习惯至关重要。自律自护不仅关乎个体在互联网上的自我管理能力，更涉及到保护个人隐私、防范网络风险和维护个人信息安全的重要性。

自律是大学生在网络使用中必备的品质。它体现在个体能够自觉控制自己的上网时间、选择合适的信息获取渠道、遵守网络使用规范等方面。一些大学通过开设网络健康管理课程或者组织自律自护主题活动，帮助学生理解自律的重要性，并掌握有效的自我管理技巧，以避免沉迷网络或者被网络信息误导的情况发生。

自护强调大学生在互联网上保护个人隐私和信息安全的能力。随着个人信息的数字化时代，学生应当学会谨慎分享个人资料和隐私信息，避免成为网络诈骗、身份盗窃等犯罪活动的目标。一些大学通过网络安全培训和个人信息保护政策的宣传，提升学生对个人隐私保护的认知和应对能力，保障学生在互联网上的安全使用环境。

自律自护还包括对网络内容的理性判断和行为选择。大学生应当学会对互联网上的信息进行客观分析和辨别，避免受到虚假信息和不良内容的影响。一些社会媒体平台通过推广真实信息、设置内容评估标准等方式，引导用户形成理性的信息获取和传播习惯，从而减少误导性信息对个人心理和社会的负面影响。

实现自律自护的关键在于个体的自我意识和社会环境的支持。学校可以通过建立健全网络管理制度和资源平台，帮助学生规范网络行为，提升网络安全意识；家庭和社会也应当加强对青少年的网络教育和指导，培养其自我保护和自我管理能力，共同营造安全、和谐的网络环境。

通过强调自律自护原则，可以有效提升大学生的网络道德心理素质和自我保护能力。这不仅有助于个体在互联网上形成健康、安全的行为习惯，更有助于全社会共同推动网络文明建设，为数字时代的发展和进步贡献积极力量。

第六章 互联网视域下学生心理健康教育

（二）提高网络媒介素养，培养网络道德情感与意志

1. 提高大学生准确认识网络媒介及传播环境的能力

提高大学生准确认识网络媒介及传播环境的能力，是增强其网络道德情感与意志的重要步骤。在当今信息化快速发展的背景下，学生需要具备分析、评估和理解网络媒介的能力，以便在复杂的网络环境中做出正确的道德选择。

大学生需要理解网络媒介的多样性和复杂性。网络媒介不仅包括传统的新闻网站、社交媒体，还涉及视频分享平台、电子商务平台等多种形式。学生应当能够区分新闻报道和社交媒体上的言论，了解它们的不同特点和信息来源，避免误解和误导。

提高学生对网络信息真实性和可信度的辨别能力至关重要。随着网络上虚假信息和谣言的泛滥，学生需要学会利用多种信息源，进行信息交叉验证和评估。一些大学通过开设新闻素养课程或者举办新闻传播讲座，培养学生对新闻报道的敏感性和批判性思维，帮助他们识别和分辨真假信息，提高信息素养。

学生还应当了解网络媒介的传播机制和影响力。他们需要意识到信息传播的速度和广度如何影响社会舆论和公共话题的形成。一些社交媒体上的热点话题往往会迅速扩散，影响大众的价值观和行为习惯。通过研究案例分析，学生可以更深入地理解信息传播的力量和其对个体及社会的影响。

提高大学生准确认识网络媒介及传播环境的能力，还需要学生具备主动获取信息和参与互动的能力。他们应当积极参与网络讨论、社区活动，了解和分享多样化的观点和意见。一些大学通过开展在线辩论赛或者社交媒体项目，鼓励学生主动表达和交流，培养其开放包容的网络交流态度和技能。

提高大学生准确认识网络媒介及传播环境的能力，不仅有助于其形成健康的网络使用习惯和道德意识，更能够帮助他们在信息爆炸的时代中保持理性和客观，做出符合道德准则的行为选择。这样的能力不仅对个体的成长发展有益，也为社会的网络文明建设贡献了积极的力量。

2. 提高大学生有效获取、利用与客观分析批判网络信息的能力

提高大学生有效获取、利用并客观分析批判网络信息的能力，是培养其健康

网络使用和道德意识的关键一环。在信息时代，学生需要具备高效的信息搜索技能、分析能力和批判性思维，以应对信息过载和信息质量不一的挑战。

学生需要掌握有效获取网络信息的技能。这包括熟练运用搜索引擎、订阅信息源、关注权威媒体等方法，确保获取到的信息具有全面性和多样性。例如，通过学习信息检索课程或者参加信息素养培训，学生可以学会利用高级搜索技巧和信息过滤工具，提高信息获取的效率和准确度。

学生需要具备利用网络信息的能力，即能够有效地整合和应用所获得的信息。这涉及信息的整理、分析和应用能力。例如，学生在学术研究中，需要从多个来源收集数据和文献，然后进行系统性的整理和分析，以支持其研究结论和论证。

客观分析和批判性思维是学生在面对网络信息时应具备的重要能力。他们需要学会评估信息的来源、真实性、可信度和偏见，以避免受到错误信息和偏见观点的影响。例如，通过开设新闻分析和媒体批评课程，学生可以学习分析新闻报道的角度和立场，判断信息是否具有客观性和公正性，从而培养批判性思维能力。

学生还应当能够辨别和评估信息中的数据、统计和图表的真实性和有效性。在数字化信息时代，大量的数据和统计信息被广泛应用于各个领域。学生可以通过学习数据分析和统计方法课程，掌握基本的数据处理和分析技能，从而更好地理解和应用信息中的数据内容。

通过案例分析和实际项目，学生可以在实践中应用获取、利用和分析网络信息的技能。例如，参与学术研究项目、社会调查或者科技创新竞赛，需要学生能够有效地利用网络信息资源，进行科学分析和论证，以达到预期的研究成果和社会效益。

提高大学生有效获取、利用与客观分析批判网络信息的能力，不仅有助于他们在学术研究和职业发展中取得成功，更能够培养其在复杂信息环境中的自主判断和正确行为选择能力。这些能力不仅对个体成长至关重要，也为社会的信息传播和网络文明建设贡献了积极力量。

3. 提高大学生恰当应用网络技术、理性参与网络信息生产及传播的能力

提高大学生恰当应用网络技术、理性参与网络信息生产及传播的能力，需要

培养他们的批判性思维、责任感和创新能力以及正确的信息伦理意识。在当前信息爆炸和社交媒体普及的背景下，这些能力尤为关键，能够帮助他们有效地参与网络社区，为和谐的网络信息环境作出贡献。

学生应当具备批判性思维和分析能力，能够理性地评估和参与网络信息的生产与传播。这包括对信息真实性、客观性和来源的深入思考和判断。例如，大学可以通过开设媒体伦理与社会责任课程，引导学生学习媒体法律、新闻道德准则以及信息操纵的案例，帮助他们建立正确的信息判断和伦理标准。

学生需要具备创新意识和创造性思维，以提升网络信息的质量和内容的创新力。他们可以通过参与新媒体实验室、网络创意竞赛等活动，学习和应用先进的网络技术和创作工具，为社会提供有价值的、创新性的信息产品。一些大学通过支持学生参与网络内容创作比赛或者科技创新项目，鼓励他们运用科技手段和创新思维解决社会问题，同时注重信息内容的质量和价值。

责任感是大学生在网络信息生产和传播中必不可少的品质。他们应当意识到自己的言行对他人和社会的影响，避免传播虚假信息、恶意攻击或引发社会不稳定的内容。一些大学通过开设社交媒体管理课程或者组织网络伦理讨论会，教育学生如何正确行使网络言论自由，同时承担起信息传播的责任。

培养大学生恰当应用网络技术和理性参与网络信息生产及传播的能力，还需要强调团队合作和跨学科学习。学生可以通过多学科的合作项目或者团队研究，学习如何在不同背景和专业领域的协作中，有效地利用网络技术进行信息整合和传播。例如，跨学科的新闻报道团队可以利用数据分析和多媒体技术，深入挖掘和呈现复杂的社会问题，引发公众关注和讨论。

提高大学生恰当应用网络技术、理性参与网络信息生产及传播的能力，不仅能够促进个体的创新和职业发展，更能够为社会的信息传播和文化交流贡献积极力量。这些能力不仅在学术研究和职业生涯中有益，也有助于建设和谐、理性和创新的网络社区。

（三）自律与监督相结合，规范网络道德行为

1. 加强自律以规范网络道德行为

加强自律以规范网络道德行为，是大学生在信息社会中必须面对和解决的重

要问题。自律不仅是个体对自己行为的约束和管理,更是对社会公共利益和价值观的尊重和维护。

自律能够帮助大学生自觉遵守网络使用的规范和道德准则。在互联网的广阔空间中,个体的言行往往会对他人产生深远影响。通过自律,学生能够意识到在社交媒体上发布内容的后果,避免恶意攻击、虚假信息传播或其他可能引发社会不稳定的行为。

自律有助于培养大学生的信息道德意识和社会责任感。他们应当意识到在网络上行使言论自由也需要承担起信息传播的责任。一些大学通过制定网络伦理准则和行为规范,教育学生如何正确处理个人信息、尊重他人隐私并遵守法律法规,从而维护网络社区的和谐与秩序。

自律还能够提升学生的自我保护意识和信息安全意识。随着个人信息在网络上的普遍流动,学生需要学会保护自己的隐私和个人数据,避免成为网络诈骗或身份盗窃的目标。一些大学通过组织网络安全教育讲座或者提供信息安全技术支持,帮助学生了解常见的网络安全威胁和防范措施,提升他们在数字化时代的自我保护能力。

自律与监督相结合能够有效规范大学生的网络道德行为。监督机制可以是学校内部的管理规定、社会舆论的监督或者同学之间的互相监督。学校可以建立网络行为评价系统,通过同学之间的互评和指导,促进学生自觉遵守网络规范和道德准则,形成良好的网络行为习惯。

加强自律以规范网络道德行为,不仅有助于保障个人信息安全和社会公共秩序,更能够促进大学生在信息化时代的健康成长和发展。通过将自我约束和社会监督相结合,大学生能够更好地发挥网络技术的积极作用,为社会和谐发展贡献自己的力量。

2. 加强监督以规范网络道德行为

加强监督以规范网络道德行为是确保大学生在网络空间中积极健康参与的关键一环。监督作为一种外部约束和管理机制,能够有效地促使个体遵守社会规范和道德准则,从而维护良好的网络环境和社会秩序。

监督可以通过建立严格的网络行为规范和管理制度来实现。学校可以制定详细的网络使用政策,规定学生在社交媒体上的言行举止,禁止恶意攻击、人身攻击、侮辱性言论等不良行为。这些规范不仅约束了学生的行为，也提醒他们在网络上行使自由需遵守基本的道德原则和法律法规。

监督可以通过技术手段和平台管理来实现。学校可以使用网络监控软件或者人工智能系统，对学生在校内网络平台上的言论和行为进行实时监测和分析。这些技术手段可以帮助发现和处理违规行为，及时调整和改善管理策略，确保网络空间的安全和秩序。

同学之间的互相监督也是监督机制的重要组成部分。通过建立学生自律委员会或者网络道德监督小组，鼓励同学们主动举报违规行为，形成社区共治的网络管理模式。这种基于同学间互动和互相监督的监管机制，能够有效地增强学生对网络道德的重视和遵守。

跨学科的研究和社会实践也可以为监督机制的构建提供示范和支持。通过开展跨学科的网络伦理研究项目，探讨和解决当前网络空间中的道德难题和法律灰色地带，为监督机制的改进和完善提供理论支持和实际指导。

政府、教育机构以及相关社会组织的参与也是监督机制发挥作用的重要保障。政府可以通过制定网络法律法规和政策文件，明确网络行为的规范和处罚标准；教育机构可以通过组织网络伦理教育和行为规范讲座，提高学生的道德意识和自律能力；社会组织可以通过举办网络道德评选活动和公益宣传活动，引导公众关注网络伦理和行为规范的重要性。

加强监督以规范网络道德行为，不仅有助于保障网络空间的秩序和安全，更能够促进大学生在信息社会中的良性发展和自我提升。通过多方合作和综合治理，我们可以共同建设一个健康、文明和有序的网络环境。

参考文献

[1] 丘文婷，詹晓青. 大学生心理健康教育体验与成长［M］. 厦门：厦门大学出版社，2023.

[2] 王慧芬. 大学生心理健康教育管理与实践［M］. 北京：中国商务出版社，2023.

[3] 向红. 大学生心理健康教育与发展研究［M］. 北京：北京工业大学出版社，2023.

[4] 陈华. 大学生思想政治教育与心理健康教育融合及实践［M］. 成都：四川大学出版社，2023.

[5] 李海波. 大学生心理健康教育［M］. 北京：北京理工大学出版社，2023.

[6] 李西彩，马雅菊. 大学生心理健康教育［M］. 北京：北京师范大学出版社，2023.

[7] 彭丹，田艳，冉龙彪. 大学生心理健康教育［M］. 北京：北京大学医学出版社，2023.

[8] 李萍，侯娟. 大学生心理健康教育［M］. 北京：清华大学出版社，2023.

[9] 聂艳霞. 大学生心理健康教育［M］. 北京：科学出版社，2023.

[10] 王坚，谢康. 大学生心理健康教育［M］. 苏州：苏州大学出版社，2022.

[11] 王珲. 大学生心理健康教育［M］. 北京：北京理工大学出版社，2022.

[12] 王清，王平，徐爱兵. 大学生心理健康教育［M］. 苏州：苏州大学出版社，2022.

[13] 胡月. 大学生心理健康教育［M］. 天津：南开大学出版社，2022.

[14] 杨秀红，林琳，杜召辉. 大学生心理健康教育［M］. 上海：复旦大学出版社，2022.

[15] 徐爱兵. 现代大学生心理健康教育研究［M］. 北京：中国原子能出版社，2022.

[16] 杨惠. 大学生心理健康教育理论与实践［M］. 武汉：华中科技大学出版社，2022.

[17] 赵新. 大学生心理健康教育的理论与实践研究［M］. 天津：天津社会科学院出版社，2022.

[18] 王静，张文熙，蔡娜娜. 大学生健康素养与心理健康教育研究［M］. 哈尔滨：北方文艺出版社，2022.

[19] 李晓敏，栗晓亮. 大学生心理健康调适及其教育管理研究［M］. 北京：中国纺织出版社，2022.

[20] 叶春汉，唐伟珍，王发明. 大学生心理健康教育［M］. 长沙：中南大学出版社，2022.

[21] 王慧芳，董雪. 大学生心理健康教育［M］. 北京：新华出版社，2021.

[22] 刘晓宇，全莉娟. 大学生心理健康教育［M］. 北京：新华出版社，2021.

[23] 秦晓丹. 体验式大学生心理健康教育［M］. 合肥：合肥工业大学出版社，2021.

[24] 付漪川. 大学生心理危机与健康教育研究［M］. 北京：北京工业大学出版社，2021.

[25] 谷庆明. 大学生心理健康自助教育［M］. 长春：吉林人民出版社，2021.

[26] 任琳. 基于健康理念的大学生心理发展教育研究［M］. 吉林人民出版社，2021.

[27] 薛春艳. 生命教育视野中的大学生心理健康教育研究［M］. 武汉：华中科技大学出版社，2020.

[28] 胡春霞. 大学生心理健康教育与素质教育研究［M］. 北京：北京工业大学出版社，2020.

[29] 陶文芳. 大学生心理健康教育课程改革研究［M］. 长春：吉林人民出版社，2020.

[30] 路风华. 互联网+背景下大学生心理健康教育模式的重塑与构建［M］. 长春：吉林科学技术出版社，2020.

[31] 魏荣霞. 基于萨提亚模式的大学生心理健康教育课程设计 [M]. 天津：天津科学技术出版社，2020.

[32] 陈艳. 大学生心理健康与安全教育 [M]. 天津：天津科学技术出版社，2020.

[33] 陈兆刚，高小黔. 大学生心理健康教育 [M]. 北京：中国人民大学出版社，2020.